Frei von

Alfred T. Hoffmann

Frei von Pflichten und Verantwortung

Ein etwas anderer Blick
auf das Phänomen Demenz

Bibliografische Information der Deutschen Nationalbibliothek

Die Deutsche Nationalbibliothek verzeichnet diese Publikation in der Deutschen Nationalbibliografie; detaillierte bibliografische Daten sind im Internet über http://dnb.d-nb.de abrufbar.

© 2021 Alfred T. Hoffmann

Umschlagdesign, Satz, Herstellung und Verlag:
BoD – Books on Demand, Norderstedt

ISBN 978-3-7534-1584-0

Inhalt

Prolog

Seit über 35 Jahren beschäftige ich mich mit dem Thema Demenz – damals sprach man noch von Verwirrtheit. In diesen Jahren habe ich viele Erkenntnisse, Eindrücke, An- und Einsichten gewinnen dürfen. Hilfreich waren dabei vor allem persönliche Begegnungen mit betroffenen und begleitenden Menschen auf allen Kontinenten – insbesondere in den Niederlanden, den USA, in Kanada, China, Neuseeland, Südafrika und Kamerun. Hierbei wurde mir klar, dass es sich bei dem Thema Demenz nicht nur um ein globales Thema handelt, sondern vor allem, dass man weltweit auf der Suche ist, wie Umgangs- und Lebensformen für diese Menschen gestaltet werden können.

Des Weiteren haben mich Begegnungen, Gespräche und auch die Mitarbeit in Fachorganisationen beeinflusst. Auch hier durfte ich erfahren, dass es noch keine Lösungen für das urmenschliche Phänomen der Demenz gibt.

Natürlich habe ich mich dann auch von Fachliteratur inspirieren lassen. Die Erkenntnis, dass es **die** eine Wirklichkeit nicht gibt, sondern dass die Welt immer auch dem unterworfen ist, wie wir sie wahrnehmen und deuten, hat mir John R. Searle mit seinem Buch „Die Konstruktion der gesellschaftlichen Wirklichkeit" vermittelt. In dem Buch „Irren ist menschlich" von Klaus Dörner lernte ich dann, dass psychische Krankheiten immer auch menschliche Ausdrucksmöglichkeiten sind. Den verstehenden Zugang zu alten und dementen Menschen lehrte mich das Buch „Verstehender Umgang mit alten Menschen" von Johannes Kipp. Erich Grond lieferte mir mit seinem Buch „Die Pflege verwirrter alter Menschen" sehr früh die Erkenntnis, dass Verwirrtheit auch sozial und psychisch bedingt ist. Die provokante Auseinandersetzung, wie Erich Böhm die praktische Wirklichkeit in Krankenhäusern und Pflege in seiner Publikation „Verwirrt nicht die Verwirrten" darstellt, hat bei mir den Impuls ausgelöst, diese Wirklichkeit nicht einfach hinnehmen zu wollen. Meinen kritischen Blick auf das Thema Demenz haben in letzter Zeit Reimer Gronemeyer mit „Demenz – Wie unsere alternde Gesellschaft den Kollaps vermeidet", Gerald Hüther mit „Raus aus der Demenz-Falle", Ruediger Dahlke mit „Das Alter als Geschenk" und Atul Gawande mit „Being Mortal" noch weiter verstärkt und untermauert.

Bei meinem jetzigen Diskussionsbeitrag hat mich der Gedanke besonders fasziniert, dass Menschen mit Demenz in einer anderen Welt leben, die Welt anders erleben und ihr Verhalten, von einer Außenperspektive aus betrachtet, oft abwegig erscheint. Die Idee wurde von Andrea Fröchtling in ihrer Habilitationsschrift „Und dann habe ich auch noch den Kopf verloren …" entwickelt. Dieser Anregung vertiefend nachzugehen, ist mein jetziges Bestreben und Ansinnen. Die angegebene, mich inspirierende Literatur ist bei Weitem nicht vollständig. Noch weitere aufzuführen, würde jedoch den Rahmen dieses Prologs sprengen.

Dank des Corona bedingten Shut- und Lockdowns und damit einhergehender Entpflichtungen von sonstigen Beratungs-, Vortrags- und Fortbildungsvorhaben habe ich die Zeit genutzt, meine Gedanken, Überlegungen, Einsichten und Einschätzungen zum Thema „Demenz" zu Papier zu bringen. Ich habe versucht, dies alles in einer alltäglich verständlichen Sprache niederzuschreiben und dabei „wissenschaftliches Fachchinesisch" soweit wie irgend möglich zu vermeiden. So versteht sich dieser Diskussionsbeitrag auch nicht als wissenschaftliches Werk oder Fachbuch. Ich habe mir deshalb auch erlaubt, die üblichen Zitierregeln nicht anzuwenden und auf Quellenangaben, Namens- und Sachregister weitestgehend zu verzichten. Sollte sich jemand seines geistigen Eigentums beraubt fühlen, so bitte ich um Verzeihung. Im Gegenzug biete ich aber jedem an, Gedanken dieses Diskussionsbeitrages für sich im Rahmen dessen, wie es für ihn wichtig und nützlich ist, zu nutzen.

Eine Schwierigkeit, die ich zu lösen hatte, war: Wie bezeichne ich Menschen, die eine Demenz oder eine fortgeschrittene Demenz erfahren? Die Formulierung „Menschen, die eine fortgeschrittene Demenz erfahren" ist zu lang, zu umständlich. Alternativ könnte ich den Begriff „demente Menschen" nutzen, dieser ist allerdings stigmatisierend, man läuft Gefahr, alles Sein und Tun auf die Demenz zurückzuführen. Die Begriffe „der Demenzkranke" oder „der Demenzpatient" entstammen der medizinischen Welt und betonen immanent das Defizitäre, Krankhafte und Verlorengegangene und werden so einer ganzheitlichen Betrachtungsweise der Menschen, die eine Demenz erfahren, nicht gerecht. In den Niederlanden lernte ich in diesem Zusammenhang den Begriff des „dementierenden Menschen" kennen. Hier liegt die Assoziation zum Begriff „dementieren" sehr nahe. „Dementieren" bedeutet so viel wie „widersprechen, leugnen, verneinen", und das ist es, was dementierende Menschen eigentlich tun. In ihrer Art, so zu sein, wie sie sind, in ihrem Verhalten widersprechen sie tatsächlich fast allem, was wir in der „normalen" Welt für wichtig, richtig und notwendig erachten. Des Weiteren macht die Verlaufsform dieses Begriffs deutlich, dass es sich bei einer Demenz nicht um einen Zustand, sondern um einen Prozess handelt. Ich glaube, dieser Begriff trifft ziemlich gut, was Menschen, die eine Demenz erfahren, tatsächlich erleben und tun. In Ermangelung eines treffenderen Begriffs habe ich mich entschlossen, in diesem Buch den Begriff „dementierende Menschen" für Menschen, die eine Demenz erfahren, zu nutzen.

Alles, was in diesem Buch zu lesen sein wird, ist tendenziell skizzenhaft, fragmentarisch und keinesfalls umfassend und vollständig. Jedes angesprochene Thema lässt sich noch sehr viel ausführlicher und kontroverser behandeln. Ich verstehe mich quasi als Beleuchter, werfe Lichtkegel und fokussiere damit mir relevant erscheinende Aspekte der Wirklichkeit, die eine hohe Relevanz zum Thema „Demenz" haben.

Ich habe mir deshalb erlaubt, meinem spontanen Gedankenfluss zu folgen, also das, was mir im Moment einfiel, zu Papier zu bringen oder ehrlicher in die Tastatur einzugeben, und das, was sich aus dem Vorhergeschriebenen ergab, gedanklich fortzuführen. Worauf ich dann in den weiteren Arbeitsschritten Wert gelegt habe, war, das Verfasste nochmals kritisch zu prüfen und zu reflektieren, hier und da zu ergänzen, zu streichen oder auch zu korrigieren, mir Rückmeldungen einzuholen und – wenn sinnvoll – in den Text aufzunehmen.

Mir geht es darum, Sie – den Leser – mit diesem Buch persönlich anzusprechen, Sie an meinen Gedanken teilhaben zu lassen, Sie anzuregen, diese An- und Einsichten aufzunehmen, zu reflektieren und sich persönlich mit der angesprochenen Thematik auseinanderzusetzen. So werden Sie, wie ich hoffe, vielem zustimmen, manchem widersprechen, anderes abwägen und dies oder jenes gedanklich ergänzen.

Nun zum Buch selbst

Im ersten Kapitel versuche ich, unsere „normale" Welt in neun Aspekten zu beleuchten. Diese folgen dem Grundsatz, dass wir die Welt des Menschen, der eine fortgeschrittene Demenz erfährt, nur vor dem Hintergrund unserer eigenen Welt verstehen und nachvollziehen können. Jeder einzelne Aspekt skizziert einen Ausschnitt unserer „Normwelt". Hierbei handelt es sich jeweils um mal ausführlichere, mal kürzere Skizzierungen relevanter und prägender Seiten unseres Lebens. Sicherlich, jeder Aspekt hätte es verdient, umfassender und vollständiger dargestellt werden. Aber die Skizzierung hat den Reiz, Impulse zu geben und um eigene Gedanken und Meinungen zu ergänzen. Bei der Auswahl der Aspekte war mein Blick natürlich vor allem auf ihre Relevanz für dementierende Menschen ausgerichtet.

Im zweiten Kapitel tauche ich ein in die Welt der Menschen, die eine fortgeschrittene Demenz erfahren. Diese Welt ist eine ganz andere als die unsrige. Hier gelten nicht mehr die Regeln unserer „Normwelt". Um diese besondere und andere Welt abzugrenzen, nenne ich sie „Anderswelt". Dabei versuche ich, dementierende Menschen in ihrer Anderswelt wahrzunehmen und zu verstehen. Ich folge dabei den gleichen Aspekten, wie ich sie zuvor für die „Normwelt" skizziert hatte. Dieser Zugang, dieser Ansatz ist von der Überzeugung getragen, dass sich das Phänomen „Demenz" nicht vorrangig hirnorganisch erklären lässt, sondern vor dem Hintergrund gesellschaftlicher Normen und Werte **und** persönlicher Erfahrungen der Betroffenen gesehen werden muss. Das Bild, das sich dann hier von dementierenden Menschen in ihrer Anderswelt zeigt, ist folglich nicht mehr vorrangig von Defiziten und Verlusten geprägt, sondern von Menschen, die schlichtweg anders leben als wir.

Im dritten Kapitel beschreibe ich den Weg von der „Normwelt" in die „Anderswelt". Ich nutze dabei das Bild der Brücke, wobei sich sicherlich anmerken lässt, dass üblicherweise eine Brücke für einen Hin- und Rückweg genutzt wird. Bei einer Demenz handelt es sich jedoch um eine Brücke ohne Rückweg und um einen Weg in eine unbekannte, nebulöse und ungewisse Zukunft. Da ich in der Demenz nicht nur ein individuelles, sondern vor allem auch ein soziales oder besser familiäres Phänomen sehe, betrachte ich die Erfahrungen der Betroffenen getrennt von denen des unmittelbaren Umfeldes.

Im vierten, fünften und sechsten Kapitel behandele ich noch einige grundsätzliche Themen im Zusammenhang mit Demenz. Zum einen geht es um die Frage des Zusammenhangs von Demenzerscheinungsformen und den ökonomiegetriebenen Lebensbedingungen unserer Normwelt, zum anderen auch um den Begriff der „Demenz" selbst, seiner Klassifizierung als Krankheit und einer Beschreibung des etwas anderen Blicks auf dieses „urmenschliche Phänomen".

Was ich in diesem Buch weitestgehend ausgeklammert habe, ist der professionelle Versorgungs- und Betreuungsbereich, also die Skizzierung, wie ambulante - und Betreuungsdienste, Kurzzeitpflegeeinrichtungen und Pflegeheime mit dementierenden Menschen umgehen, welche Konzepte sich dort entwickelt haben und inwieweit sie einen Lebensraum schaffen, der den besonderen Anforderungen dementierender Menschen gerecht wird. Ich habe mich entschieden, mich im Wesentlichen auf den einzelnen Betroffenen, seinen sozialen Nahraum und die gesellschaftlichen Lebensbedingungen zu konzentrieren, da sich hier die etwas andere Sicht auf dieses urmenschliche Phänomen besser herausarbeiten lässt.

Aus Gründen der besseren Lesbarkeit habe ich auf eine genderkorrekte Schreibweise verzichtet. Meiner Einschätzung nach wird der Lesefluss doch deutlich gehemmt, wenn jedes Mal sowohl die weibliche als auch die männliche Form gebraucht wird. Mir jedes Mal eine neutrale Bezeichnung zu überlegen, ist mir leider auch nicht gelungen. Der Mensch ist und bleibt nun mal – männlich oder weiblich oder genderübergeifend – ein Mensch. So nutze ich mal die weibliche, aber doch wohl meist die männliche Form. Mir ist bei dieser Thematik bewusst, dass „Demenz" meist weiblich ist, sowohl vonseiten der Betroffenen als auch der Begleitenden, Versorgenden und Unterstützenden. Ich bitte, mir diese Nachlässigkeit nachzusehen.

1. Kapitel

Unsere Wirklichkeit – unsere Normwelt

Demenz verursacht keine Schmerzen, aber sie verändert das Leben in einer für uns unvorstellbaren Weise. Menschen, die eine fortgeschrittene Demenz erfahren, leben in einer anderen Wirklichkeit. In ihrer Welt gelten nicht mehr die Voraussetzungen, Bedingungen und Regeln unserer „normalen" Welt.

In neun Aspekten versuche ich, unsere sogenannte „normale" Welt und deren ureigenste Charakteristika zu skizzieren, sozusagen als Folie zum Verständnis der Welt der Dementierenden.

1.1 Sprache und Begriffe in der Normwelt

Grundlage menschlichen Gemeinschaftslebens ist die Sprache und die mit ihr verbundenen Begriffe und Begrifflichkeiten. Ohne Sprache lassen sich keine Absprachen, keine Gemeinschaftsregeln, keine Gesetze und keine Verordnungen treffen. Es ist schon erstaunlich, wie aus Luftströmen in Verbindung mit den Bewegungen der Stimmbänder und Lippen Geräusche und Laute entstehen, die sich zu Worten entwickelt haben. Sprache ist damit ein fundamentales Phänomen menschlicher Ich- und Selbstwerdung. Wer wäre ich und wie vermittelte ich mich, wenn es keine Sprache, keine Wörter und keine Begriffe gäbe?

Wesentliche Elemente der Sprache sind neben der Syntax und der Grammatik vor allem Worte und Begriffe. Mit Begriffen belegen wir Gegenstände, Sachverhalte, Meinungen oder Werthaltungen. Das Besondere eines Begriffs ist, dass seine Buchstabenkombination nichts z.B. mit dem Gegenstand zu tun hat, den er benennt. Ein Gegenstand mit vier Beinen und einer flachen Oberfläche nennen wir „Hocker" und wenn er größer ist „Tisch". Ein Hocker hat nichts „hockriges" und ein Tisch nichts „tischiges" an sich. Im Prinzip hat der Begriff „Tisch" nichts mit dem Gegenstand „Tisch" zu tun – bis auf die kulturelle Vereinbarung, dass wir ein Gebilde, das wie ein Tisch aussieht und wie ein Tisch genutzt werden kann, als Tisch bezeichnen. Das, was wir unmittelbar wahrnehmen, ist also kein Tisch, sondern es besteht aus physikalischen Elementen in einer bestimmten Anordnung und vielleicht in einer bestimmten Farbe vor irgendeinem Hintergrund. Beim Wahrnehmen und Erkennen dieser physikalischen Elemente fällt uns dann unmittelbar und ohne weitere Überlegung der dazugehörige Begriff „Tisch" ein. Diese unmittelbare Übertragung einer Wahrnehmung in die entsprechende dazugehörige Begrifflichkeit ist eine geniale Leistung menschlichen Daseins. Bemerkenswert in diesem Zusammenhang ist die Tatsache, dass dieses Phänomen auch in umgekehrter Richtung funktioniert. Nenne ich den Begriff „Kirche", so hat jeder eine Vorstellung von dem, was ich meine. Gleichwohl sind die inneren Bilder verschiedener Menschen bei Weitem nicht identisch. Jeder stellt sich „seine" Kirche vor. Für den einen ist das der Kölner Dom, Notre Dame oder St. Pauls Cathedral, für den anderen eine Stadt- oder eine Dorfkirche. Es braucht also zur Verständigung mehr als nur den Begriff. Aber durch Sprache (Substantive, Adjektive, Verben usw.) ist es möglich, sich auf ein gemeinsames Bild von eben der gemeinten Kirche zu verständigen.

Ein weiterer Aspekt in diesem Zusammenhang ist, dass Begriffe meist auch mit Funktionen verbunden sind. Ein Tisch ist nicht nur ein Tisch, sondern auch ein Gegenstand, den man zu unterschiedlichen Zwecken nutzen kann: als Esstisch, Schreibtisch, Spieltisch usw. Neben der Bezeichnung physikalischer Elemente nutzen wir Begriffe auch zur Formulierung abstrakter, nicht-physikalischer Tatsachen. So verbinden sich auch mit abstrakten

Begriffen wie „Entscheidung", „Ehe", „Gesellschaft" oder „Regierung" Funktionen. Diese beruhen immer auf einem gemeinschaftlichen Übereinkommen. Man hat sich gesellschaftlich auf deren Wesen und Funktion verständigt.

Eine besondere Herausforderung sehe ich im Begriff der Freiheit. Nach meinem Verständnis ist Freiheit dem Menschen immanent. Freiheit ist somit Teil des Menschseins. In diesem Sinne ist ein häufig geäußerter Satz wie „Ich gebe dir die Freiheit ..." unsinnig, denn er suggeriert, dass der andere im Besitz der Freiheit wäre, die er nun zuteilen könnte. Nein, niemand besitzt die Freiheit anderer. Auch wenn die Vertreter der Politik uns suggerieren, dass sie die Garanten von Freiheit sind, so gilt auch hier, dass sie die Freiheit nicht geben, sondern nur einschränken und begrenzen, wohl aber verteidigen können. Extrem gesprochen, bedeutet Freiheit, das tun und lassen zu können, was man will. Dies ist aber so nicht gemeint. Deshalb wird in unserer demokratisch-freiheitlichen Grundordnung Freiheit immer verbunden mit Verantwortung und Verpflichtung. Beispielsweise in dem Sinn, dass meine Freiheit da endet, wo ich die Freiheit anderer einschränke. Freiheit ist dann in unserem Kulturkreis nicht absolut, sondern in hohem Maße relativ. Dies nur als ein Beispiel der Komplexität von Begriffen, ihren Deutungen und ihren Wirkungen.

Im normalen Alltagsgeschehen machen wir uns über unsere Sprache, die von uns genutzten Begriffe und ihre immanenten Funktionen, also über unseren ureigensten Sprachgebrauch, in der Regel keine Gedanken. Denn wenn wir uns darüber jederzeit Gedanken machen würden, käme eine Verständigung gar nicht mehr zustande. Wir akzeptieren voll und ganz unsere Sprache, wie wir sie nutzen, sie ist Teil von uns. Menschen, die die gleiche Sprache sprechen, besitzen damit die Grundvoraussetzung für eine zwischenmenschliche Kommunikation und ein gelingendes Zusammenleben.

1.2 Vernunft in der Normwelt

Wir leben in einem vernunftdominierten Kulturraum. Das, was wir tun und denken, sollte am besten vernünftig sein, also besonnen, durchdacht und reflektiert. Die Vernunft ist der Gegenspieler, nein, der Bändiger der Gefühle. Wer aus seinem Gefühl, aus seinem Herzen, aus einer Erregung oder seiner Intuition instinktiv, impulsiv, seinen Träumen oder auch seinem Glauben folgend handelt, gilt als unvernünftig. Unvernünftig zu sein, führt zu Fehlern, Leichtsinn, Risiken, Enttäuschungen, Rückschlägen bis zu Sanktionen, Ablehnung oder gar Ausgrenzung. So die Überzeugung der Vernünftigen.

„Man darf nichts dem Zufall überlassen." Mit Vernunft sind wir demgegenüber in der Lage, vorhandenes Wissen zu berücksichtigen, Konsequenzen unserer Entscheidungen und Handlungen zu erkennen und vorherzusehen, ungewollte Situationen, Ereignisse und Zufälle zu vermeiden – eben in allem, was wir tun, erfolgreicher zu sein. Verbunden mit Vernunft sind logisches Denken, das Erkennen von Ursache und Wirkung, Sachlichkeit und Rationalität. „Bleiben Sie sachlich", ein häufig geäußerter Satz in unserer Welt.

Die Vernunft dient vor allem auch dazu, Misserfolge, Gefahren, Risiken zu meiden und entsprechende Vorkehrungen zu treffen, um diese zu begrenzen, wenn nicht gar gänzlich auszuschalten.

Das Leben an sich ist aber nicht vernünftig, geradlinig und zielgerichtet. Jedes Leben behält sich Überraschungen, aber auch unvorhersehbare Ereignisse bis hin zu Schicksalsschlägen vor. Vieles im Leben ist eben nicht planbar und vorhersehbar. Es gibt keine durch Vernunft planbare und wirkliche Sicherheit im Sinne eines Schutzes vor eben solchen Unwägbarkeiten – im positiven (gewollten) sowie im negativen (ungewollten) Sinne. Da kann man noch so viele Versicherungen abschließen, aber sie garantieren keine Sicherheit. Es gibt letztendlich nur die Sicherheit, die wir in uns tragen. Versicherungen abzuschließen, gilt dennoch als vernünftig.

Eng mit dem Bedürfnis nach Sicherheit ist das Bedürfnis nach Kontrolle verbunden. Sein Leben, sein Umfeld unter Kontrolle zu haben, ist vielen Menschen äußerst wichtig. Man will wissen, was um einen herum passiert, und eingreifen, wenn etwas außer Kontrolle zu geraten scheint. Viele Kinder leiden darunter, dass ihre Eltern, und hier dann doch meist die Mutter, alles über sie unter Kontrolle haben wollen. Wo sie hingehen, wo sie sind, was sie machen, was sie vorhaben ... Wenn die Kinder dann erwachsen sind und selbst Kinder haben, wiederholen viele, was sie bei ihrer Mutter gehasst haben: Sie fangen auch an zu kontrollieren. Die Vorstellung, die Kontrolle zu verlieren, bringt viele Menschen in größte Verzweiflung, sie tun nahezu alles, um eine solche Situation zu vermeiden. Sie möchten nicht von anderen abhängig werden, sie wollen das Heft, das Steuer in der Hand behalten.

Es stellt sich nun die Frage, weshalb wir dann der Vernunft einen so hohen Stellenwert beimessen. Aus übergeordneter Sicht – vielleicht –, weil sich Menschen mit Vernunft besser steuern und lenken lassen. Aktuell in der Coronakrise hören wir fast täglich vonseiten der Bundes- und Landespolitiker Appelle an die Vernunft der Bürger. Es wird den Bürgern vermittelt: Wenn sie sich vernünftig, also regelkonform, verhalten, dann haben sie es in der Hand, das Virus zu bekämpfen. An die Vernunft wird nicht appelliert, um zu verstehen, nachzudenken oder sich gar ein eigenes Urteil fällen zu können. Es geht ausschließlich darum, die Bürger dahingehend zu steuern, dass sie sich an die An- und Verordnungen „von oben" halten.

Lässt sich aber mit dieser Art von Vernunft nicht wirtschaftliches Handeln gewinnbringender organisieren oder sich überhaupt erst wirklich erfolgversprechend betreiben? Gesellschaftliche und damit auch wirtschaftliche Ziele lassen sich tatsächlich besser mit vernünftigen, Menschen realisieren.

So werden wir in vielem, was wir tun und denken, immer mehr vernunftgesteuert. Die Vernunft wird zum Wichtigsten unseres Selbst, wir entwickeln im Laufe unseres Lebens immer mehr das Gefühl, von unserer Vernunft abhängig zu sein, und können uns ein Leben ohne Vernunft kaum vorstellen. Wir wissen dann nicht mehr, wer wir sind, wenn uns die Vernunft nicht zur Verfügung steht. Die Vernunft gewinnt eine dem Herzen, dem Herzschlag, der Atmung und allen fundamentalen Körperfunktionen gleichberechtigte Stellung.

1.3 Gefühle in der Normwelt

Von der Geburt bis zum Tod begleiten den Menschen Gefühle. Aus den Grundgefühlen (Lustgewinn und Schmerzvermeidung) entwickeln sich im Laufe des Heranwachsens und auch darüber hinaus ein ungeheuer breites Spektrum an Gefühlen. Was immer ich tue, es wird begleitet von Gefühlen. Vieles oder sogar alles, was wir tun, hat mit Gefühlen zu tun oder ist mit Gefühlen unterlegt. Auch hinter dem Anspruch, „vernünftig und sachlich zu sein", stecken letztendlich Gefühle. Das können Gefühle sein wie „sich nicht blamieren wollen" oder „anerkannt werden".

Grundsätzlich lassen sich zwei Arten von Gefühlen unterscheiden: Schmerz, Angst, Bedrohung oder Trauer sind Gefühle, die wir vermeiden, und Freude, Glück, sexuelle Erregung oder Spaß sind Gefühle, die wir erleben wollen. Gefühle entstehen immer im Moment, im Augenblick. Erstrebenswerte Gefühle lassen sich – wenn überhaupt – nur in sehr begrenztem Rahmen auf Dauer aufrechterhalten. Denken Sie beispielsweise an einen romantischen Abend in einer lauen Sommernacht bei Sonnenuntergang in Begleitung eines wundervollen Menschen mit einem Glas Aperol Spritz in der Hand ... und bereits am nächsten Tag, nein, schon weit vorher ist dieses Gefühl bereits wieder Erinnerung, Vergangenheit, Geschichte. Positive Erlebnisse existieren immer nur im Moment, im Augenblick. Sie lassen sich nicht konservieren.

Bei den negativen Gefühlen ist das allerdings anders, sie können uns auf Dauer belasten. Hier sind wir – gegebenenfalls mit Unterstützung Dritter – gefordert, Wege aus dieser Gefühlswelt zu finden.

Am Beispiel des Gefühls der Angst, das wir alle schon mal erlebt haben, lässt sich das gut darstellen. Ein Satz wie „Da brauchst du keine Angst zu haben" ist völlig un- und widersinnig, da Angst unmittelbar und unvermittelt in einer für den Betroffenen angstauslösenden Situation entsteht. Er hat keine Wahlmöglichkeit und hat sich nicht entschieden, jetzt Angst haben zu wollen, nein, sie ist plötzlich und unvermittelt da. Auch ein Satz wie „Stell dich nicht so an" ist nicht nur nicht hilfreich, sondern „bestraft" den Angsthabenden ein zweites Mal – einmal mit der Angst selbst und dann noch mit dem Vorwurf, selbst an der Angst schuld zu sein. Ebenso unsinnig ist der Satz: „Ich will dir die Angst nehmen." Dieser Satz suggeriert, dass man in der Lage sei, eine Angst aus dem anderen herauszunehmen – wie ein Stück Butter aus dem Kühlschrank. Genauso wenig, wie man eine Portion Angst in einem Kaufhaus oder Onlineshop erwerben kann, kann man sie entfernen oder wegnehmen. Angst ist und bleibt ein inneres Gefühl, das spontan entsteht. Als Gegenüber kann man bestenfalls einfach dabeibleiben und das angstauslösende Moment annehmen. Vertrautheit und Schutz lassen die Angst dann langsam schwinden. Die Zeit, die es dafür braucht, braucht es eben – sie ist aber gut investiert.

Anders ist es mit den erstrebenswerten, den positiven Gefühlen. Hier habe ich zahlreiche Möglichkeiten, in mir diese Gefühle entstehen zu lassen. Schwieriger ist es, bei einem anderen Menschen ein positives Gefühl zu wecken wie zum Beispiel, den anderen glücklich zu machen. Das liegt unter anderem daran, dass man sich Gefühle nur selbst machen kann. Man kann Gefühle nicht übertragen, injizieren oder einpflanzen. Man kann bestenfalls Bedingungen schaffen, die entsprechende Gefühle beim anderen möglich werden lassen, ob dies aber gelingt, hängt immer von meinem Gegenüber ab. Denken Sie nur an die Situation, als Sie Hals über Kopf verliebt waren. Sie hätten alles in der Welt getan, um diesen Menschen für sich zu gewinnen. Aber ... er sah sich nicht in der Lage, vergleichbare Gefühle Ihnen gegenüber zu entwickeln. Sie mussten die Erfahrung machen, dass Sie Ihre Gefühle nicht einem anderen überstülpen oder dem anderen Ihre Gefühle zu den seinen machen können.

Ich bin aber auch grundsätzlich in der Lage, Gefühle nicht nach außen wirken zu lassen, abzuschwächen, zu kompensieren oder zu unterdrücken. Das bedeutet nicht, dass ich gefühllos bin. Dann ist Gefühllosigkeit eigentlich auch ein Gefühl.

Gefühle sind kein guter Nährboden für wirtschaftliches Handeln, hier ist Vernunft sehr viel hilfreicher. So fallen dann auch Sätze wie „Bleiben Sie sachlich", „Seien Sie vernünftig" oder „Gefühle helfen hier nicht weiter". Man darf aber nicht verkennen, dass der Entscheidung, sich vernünftig, sachlich, unaufgeregt zu verhalten, letztendlich auch wieder Gefühle zugrunde liegen. Das können Gefühle sein wie der Wunsch, anerkannt, wertgeschätzt zu werden, erfolgreich oder besser als andere zu sein oder sich nicht unterkriegen zu lassen. Im ganzen Leben und insbesondere im Berufs- und Arbeitsbereich lernen wir, oder besser, werden wir darauf trainiert, Gefühle hintanzustellen und widerstrebende Gefühle zu kalibrieren, um den Anforderungen zu genügen und besser zu funktionieren.

Um im Arbeits- und Berufsleben erfolgreich zu sein, sollte man nicht nur Gefühle beherrschen und ggfs. unterdrücken können, sondern auch Verhaltensweisen zeigen, die Gefühle nach außen suggerieren. Ich denke da an Verhaltensweisen wie Freundlichkeit, Aufmerksamkeit, Zugewandtheit, Interesse am anderen u.a.m. Insbesondere werden solche Gefühlsäußerungen im Kundenkontakt gefordert. Hier ist es in der Regel egal, ob diese Gefühle auch tatsächlich innerlich gespürt werden, echt und authentisch sind oder ob sie nur nach außen gezeigt werden. Aber sie sollten glaubhaft rüberkommen.

Wie und welche Gefühle wir letztendlich leben, ist somit nicht nur von uns selbst abhängig, sondern wird auch mitgeprägt durch die Erwartungen und Gepflogenheiten unserer unmittelbaren Umwelt. In diesem Zusammenhang denke ich immer wieder daran, dass meine Eltern von mir verlangten, herzliche Dankesbriefe zu schreiben, wenn ich zu Weihnachten oder zum Geburtstag Geschenke per Post bekam. Anschließend musste ich hierbei meine große Freude zum Ausdruck bringen, obwohl sich bei mir die tatsächliche Freude sehr in Grenzen hielt. Aber so lernt man bereits in jungen Jahren, welche Gefühle man wann und wem gegenüber zum Ausdruck zu bringen hat, und zwar völlig unabhängig vom eigenen Gefühl.

Die Fragen, die offenbleiben, sind, welche ureigenen Gefühle zu mir gehören, wirklich meine sind, welche mir besonders wichtig sind und welche ich vermeiden möchte. Wäre ich in einer anderen Kultur geboren, würde ich unter anderen Menschen leben, hätte ich dann die gleichen Gefühle? Welche Gefühle wären mir dann wirklich wichtig?

1.4 Zwischenmenschlichkeit in der Normwelt

Die Individualität eines jeden Menschen entwickelt sich aus den Begegnungen des ICH mit dem DU. Ich kann nur ICH sein, weil es viele DUs gibt. Ich bin ICH, weil ich mich unterscheide vom DU.

Wir Menschen brauchen, nein, wir sind angewiesen auf soziale Einbindung, auf Kontakte mit anderen Menschen. Wenn nicht schon im Mutterleib, so erfahren wir die erste soziale Bindung zur Mutter. Im weiteren Verlauf unseres Werdens, Wachsens und

Entwickelns treten immer mehr Menschen in unser Leben. So heißt es in einem afrikanischen Sprichwort: „Um ein Kind zu erziehen, braucht es ein ganzes Dorf." Damit wird sehr plastisch ausgedrückt, wie wichtig zahlreiche und vielfältige Beziehungen in der Kindheit, aber dann auch darüber hinaus ein ganzes Leben lang für uns Menschen sind. Wir sprechen von der Bedeutung familiärer und sozialer Netzwerke. Das Besondere dieser Netzwerke ist, dass sie einerseits Konstanten enthalten, sich aber auch immer wieder verändern. So bilden über lange Zeiträume Eltern und Geschwister solche verlässlichen Konstanten, dahingegen wechseln Freunde, Bekannte, Nachbarn – manche gehen, andere kommen neu dazu. Sehr beeindruckend hat dies Prof. Dr. Rolf Rosenbrock[1] weiter ausgeführt. „Genetisch ist der Mensch in vielerlei Weise geprägt, Epigenetik und Lebensbedingungen tun ein Übriges, um die Verschiedenheit und Vielfalt unserer Spezies hervorzubringen. Aber im Kern gilt: Der Mensch ist ein geselliges Lauftier. Der Mensch lebt in Gemeinschaften, in konzentrischen Kreisen von Kontakten und Beziehungen um sich herum, im Mittelpunkt die stärksten Beziehungen, Primärbeziehungen, immer noch meist die Familie, drum herum mit meist abnehmender Intensität KollegInnen, Nachbarn, JugendfreundInnen, Schul- und Studienkameraden, Kirchengemeinden, Einkaufs-, Spielplatz- und Hunde-Bekanntschaften, Interessen- und Hobby-Gemeinschaften, Sport, Alltagskontakte bei Spaziergängen und Besorgungen. Gruppen finden sich und lösen sich wieder auf, einzelne Beziehungen überdauern, Netzwerke entstehen. Netzwerke sind mitgestaltbar, man kann in seinem Netzwerk aktiv sein oder abwartend, man kann sich zeitweise auch mal ganz zurückziehen. Netzwerke bieten vielfältige Hilfe und, kein bisschen weniger wichtig, vermitteln sie das Gefühl: man wird gebraucht. Geselligkeit ist ein anregender und Leben spendender Möglichkeitsraum."

---

1   Prof. Dr. Rolf Rosenbrock, Vorsitzender des Paritätischen Gesamtverbandes, in seinem Eröffnungsvortrag der Fachtagung „Alt – einsam – isoliert – Wege zur Teilhabe".

Das Besondere beispielsweise alter Freundschaften ist, dass man sich – wenn man sich nach vielen Jahren wieder begegnet – nach kürzester Zeit wieder so fühlt, wie man sich gefühlt hat, als man sich kennen- und schätzen gelernt hat. Man fällt sogar in den alten Dialekt, in die Sprache von damals zurück. Es scheint, als sei keine Zeit vergangen. Die alte Vertrautheit ist wieder da, und zwar völlig unabhängig von dem, was in den dazwischenliegenden Jahren passiert ist. Was ich beruflich gemacht habe, in welchen Beziehungen ich gelebt habe, welche Schicksalsschläge ich verarbeiten musste – all das spielt erst mal gar keine Rolle, es tritt zunächst in den Hintergrund. Das ist zwar nicht immer so, es gibt darauf keine Garantie, aber ich habe des Öfteren in meinem Leben diese wundervolle Erfahrung machen dürfen.

Nur in sozialen Beziehungen können wir so wichtige und grundsätzliche Gefühle wie Wertschätzung, Verbundenheit, Zugehörigkeit, Vertrautheit, Intimität, Zärtlichkeit und Liebe erfahren. Diese grundlegenden Gefühle können wir uns nicht selbst vermitteln, wir sind da auf andere, auf das Zusammensein mit anderen angewiesen. Der Mensch wird nicht als Eremit, als Einzelgänger geboren.

In diesem Zusammenhang kann ich nicht umhin, meine Einschätzung und Bewertung zum Trösten als eine Form der Verbundenheit zu geben. Für mich ist Trösten die sozial anerkannteste Form der Bevormundung. Ich höre schon Ihre Reaktion: „Wie kommt er denn darauf?" Ich will das gern erläutern. Was sind denn so übliche Sätze, die trösten sollen? „Da brauchst du doch keine Angst zu haben!" Oder: „Du musst doch nicht so traurig sein!" Oder: „Das hat doch nicht so wehgetan!" Was lösen diese Sätze aus? Ich fühle mich bedrückt, bin traurig oder fühle mich gekränkt – das ist ja schon belastend genug – und nun bekomme ich gesagt, dass ich diese Gefühle nicht zu haben brauche. Also bin ich doch dumm, dass ich diese Gefühle zulasse. Ähnlich ist es, wenn etwas für mich Schlimmes passiert ist, es macht mich hilflos, traurig, betroffen, und dann sagt mir mein Gegenüber, dass es doch gar nicht so schlimm sei, wahrscheinlich noch in dem Sinne, ich möge mich nicht so anstellen. Bei den anderen Sätzen geht es ähnlich. Mir ist etwas Unangenehmes, Belastendes passiert und der andere lässt mich wissen, dass diese gefühlsmäßige Reaktion unangemessen und übertrieben ist. Somit werde ich zweimal „bestraft", zum einen durch das Ereignis selbst und zum anderen durch die „tröstenden" Worte meines Gegenübers. Was ist denn Bevormundung anderes, als wenn mir mein Gegenüber zu verstehen gibt, dass ich die falschen Gefühle habe, und er mich wissen lässt, wie ich mich stattdessen zu fühlen hätte?

Im Wissen, dass alles Weinen irgendwann aufhört und häufig die nicht geweinten Tränen sehr viel problematischer sind und werden, ginge es dem Betroffenen wahrscheinlich sehr viel besser, wenn ich bei ihm bliebe und ihn in seinen Gefühlen akzeptieren würde, d.h., dass ich den Schmerz, die Tränen, die Trauer, die Enttäuschung, die Angst, die Bedrohung mit ihm teile, ohne mich selbst geängstigt, bedroht oder schlecht zu fühlen. Nach einer Phase des vertrauten Miteinanderseins, des gemeinsamen Ausklingens der Angst, der Bedrohung, des Schmerzes, gilt es, eine Idee für den nächsten Schritt zu entwickeln. Am besten wäre es, wenn dieser vom Betroffenen ausgehen würde. Das fühlt sich völlig anders an als das übliche Trösten.

Auch wenn das grundlegende Bedürfnis nach Nähe allgegenwärtig ist, so sind wir doch in der Lage, dieses Bedürfnis zu kontrollieren und zu steuern. Zum Beispiel indem wir es nicht wahrhaben wollen, es vorübergehend unterdrücken, deren Erfüllung zeitlich verschieben oder kompensieren. Wir haben gelernt, uns zu disziplinieren und (Zeit-)Räume zu schaffen, wo wir das Grundbedürfnis nach sozialer Nähe leben und ausleben können und dürfen – zu Hause, im Bett, im Café, im Urlaub, in der Natur ...

Weil der Mensch, ich komme noch mal auf den Begriff zurück, ein „geselliges Lauftier" ist, kann er längere (Lebens-)Phasen des Alleinseins, der Isolation und der Einsamkeit kaum ertragen. Die Folgen können schwerwiegend sein. Beginnend bei psychischen

Veränderungen wie Verlust des Selbstwertgefühls, der Selbstachtung, des Selbstwirksamkeitsgefühls, Persönlichkeitsstörungen, Halluzinationen, Verwahrlosung können sie bis zu körperlichen Erkrankungen wie höherer Blutdruck, höheres Risiko für Herzinfarkt, höheres Risiko für Diabetes, Demenz, Depressionen, Psychosen und letztendlich zu erhöhter Morbidität, Mortalität und Suizid reichen.

Gleichwohl braucht der Mensch im Alltag auch Phasen des Mitsich-Seins, des Alleinseins und des Rückzugs. Es geht wie so oft im Leben um die Balance und dabei auch um die Fähigkeit, für sich die Balance zwischen Nähe und Distanz zu finden, die einem guttut.

1.5 Individualität in der Normwelt

Ja, jeder von uns ist einmalig und einzigartig. Jeder oder zumindest fast jeder fühlt sich als unverwechselbare Person und Persönlichkeit. Wir tun viel, um unsere Identität und Individualität in Erscheinung treten zu lassen, zu wahren und zu schützen. Wir frisieren uns, wie es heute „in" ist, kaufen Kleidung, die uns steht, Schuhe, die uns gefallen, das Auto, das unsere Wünsche am besten erfüllt, wir schauen Filme, die uns begeistern, wir hören unsere Lieblingsmusik, wir lesen die Zeitungen, von denen wir uns am besten informiert fühlen usw. Dass wir uns zur Aufrechterhaltung unserer Identität dabei eines Massenmarktes bedienen, ist uns meist nicht bewusst. Alles, was wir kaufen, wird in der Regel millionenfach hergestellt. An dem einzelnen Produkt haftet nichts Individuelles, es ist und bleibt – von wenigen Ausnahmen abgesehen – Massenware.

Aus Sicht der Hersteller und der damit verbundenen Marketingstrategen sind wir Konsumenten, Kunden, Nachfrager, Anwender, Zielgruppe – kurz ein Marktsegment. Die Geburtsstunde des Marketings kam in Deutschland 1893 mit der Erfindung des

Backpulvers durch Oetker. Durch Massenwerbung wurde dem Privatkunden erstmals ein Produkt angeboten, das ihm eine Arbeitserleichterung verschaffte – von dem er aber bis dahin nicht gewusst hatte, dass er es überhaupt brauchte. Seitdem werden von Marketingprotagonisten immer mehr, immer häufiger Bedürfnisse und Bedarfe für alle Lebenslagen geweckt, und trotzdem erlebt sich jeder als Individuum, als einzigartig. Wie geht das?

Vor einigen Jahren war ich eingeladen, in einem Kloster eine Fortbildung abzuhalten. Drei Tage lebte und arbeitete ich also in einem Nonnenkloster. Als die Fortbildung begann, sah ich mich mit etwa 20 Nonnen – alle in ihrem Habit – konfrontiert. Erst mal sahen alle Nonnen für mich gleich aus und ich fragte mich, wie es mir gelingen könnte, jede einzelne mit ihrem Namen anzusprechen. Ich sah mich vor einer unlösbaren Aufgabe. Natürlich ließ ich mir nichts anmerken und begann die Fortbildung mit einer Vorstellungs- und Kennenlernrunde. Danach fragte ich nach den inhaltlichen Erwartungen an die Fortbildung, und so nahm das Seminar seinen Lauf. Es gehört zu meinem Fortbildungsstil, Lerninhalte nicht vorrangig von vorn im klassischen Vortrags- und Referatsstil zu vermitteln, sondern die Teilnehmer aktiv in die Erarbeitung des Lernstoffs einzubinden, also miteinander in Kommunikation treten zu lassen. So entwickelte sich ein lebendiges und lebhaftes Unterrichtsgeschehen, und je mehr wir miteinander ins Gespräch kamen und uns austauschten, desto mehr kristallisierten sich die individuellen Persönlichkeiten der äußerlich fast gleich aussehenden Nonnen für mich heraus. Hierbei wurde mir deutlich, dass trotz aller äußerlichen Konformitäten jede einzelne Nonne doch ihre ganz individuelle Persönlichkeit war. Was in diesem Zusammenhang noch besonders bemerkenswert für mich war, war die Erkenntnis, dass nicht nur alle Nonnen die gleiche Kleidung trugen, sondern dass sie darüber hinaus auch alle den gleichen Glauben hatten, die gleichen Gelübde abgelegt hatten und alle unter den Rahmenbedingungen eines Klosters lebten. Mehr Konformität geht nicht, dachte ich. Trotzdem war bei aller Konformität die ganz individuelle Persönlichkeit nicht zu verdecken.

Was lehrte mich diese Erfahrung? Wir alle, jeder von uns, trägt etwas ganz Individuelles, ganz Persönliches in sich. Im Verlaufe unseres Lebens haben wir einzigartige Erfahrungen gemacht, einzigartige Begegnungen, einzigartige Erlebnisse gehabt, die nur wir – jeder für sich – so erlebt haben. Trotz allem, was uns gesellschaftlich und gemeinschaftlich übergestülpt worden ist, haben wir einen inneren Kern, der jeden von uns in ganz besonderer Weise ausmacht. Dieser innere Kern ist nicht statisch, er verändert und entwickelt sich mit allen neuen bedeutsamen Erfahrungen, Erlebnissen, Erkenntnissen und Begegnungen. Wir kreieren uns selbst und bleiben – trotz aller neuen Erfahrungen – immer wir selbst.

1.6 Eigentum und Besitz in der Normwelt

Die Unterscheidung von mein und dein ist von den frühesten Kindheitstagen an ein zentrales Erziehungsziel in unserem Kulturkreis. In diesem Zusammenhang fällt mir ein Satz von Jean-Jacques Rousseau ein, der sinngemäß sagte, wie viel Leid der Mensch in die Welt gebracht hat, der zum ersten Mal auf dem Land einen Zaun errichtete und sagte: „Das ist meins." Eigentum wird zum Besitz und damit auch zu etwas, das der Mensch bewahren, schützen und bei uns vor allem auch vermehren möchte. So hat alles in unserer Gesellschaft einen Besitzer. Es gibt nichts, was nicht einem Besitzer zugeordnet werden kann. Es gibt keine besitzfreien Konten, Häuser, Grundstücke, Autos, Geräte, Alltagsgegenstände. So ist auch genau geregelt, wie ich zum Besitzer werden kann – durch Kauf, Vertrag, Vererbung oder Schenkung.

Etwas besitzen zu wollen, etwas mein Eigentum zu nennen, ist zu einem wesentlichen Motor für das Wirtschaftsleben geworden, denn das Eigentumsdenken fördert Konsum. Wenn man Gebrauchsgüter wie zum Beispiel Rasenmäher, Bohrmaschine, Kärcher, Grill, Zapfanlage usw. – alles Dinge, die man nicht täglich braucht – untereinander ausleihen würde, dann bräuchte nicht jeder Haushalt alles selbst. Oder wenn man die Nutzung von Autos allen zur Verfügung stellen würde, dann hätte die Wirtschaft Probleme, ihre Produktionszahlen zu steigern. Damit dieser Fall möglichst nicht eintritt, müssen die Bedeutung und der Wert des Eigentums aufrechterhalten und in einem immer rasanteren Tempo neue, innovativere Produkte auf den Markt geworfen werden, damit man diese erwerben, also zu seinem Eigentum werden lassen kann.

Eigentum bedingt – wie gesagt – auch, das Eigentum des anderen zu achten. Nur weil ich etwas gebrauchen kann, habe ich nicht das Recht, mir es von einem anderen – ohne seine Zustimmung – zu nehmen. Das würde den Tatbestand des Diebstahls erfüllen. Somit wird Eigentum auch zur Ursache von Kriminalität. Um den Diebstahl des eigenen Eigentums zu verhindern, hat sich eine regelrechte Sicherungs- und Sicherheitsindustrie entwickelt. Was gibt es nicht alles, um sein Eigentum zu schützen – Schlösser, Fenstersicherheitsgriffe, Tresore, Bewegungsmelder, Videoüberwachung, Alarmanlagen, Sicherheitsdienste usw. Es gilt der Grundsatz: Was meins ist, soll auch meins bleiben.

Eigentum schafft Ungleichheiten: Der eine hat mehr als der andere. Die Schere zwischen arm und reich geht immer mehr auseinander. Nicht zuletzt auch bedingt durch die Erbschaftsregelungen sind die Startchancen für das Leben höchst unterschiedlich verteilt. Die Kinder, die aus wohlhabenden Elternhäusern kommen, haben sehr viel bessere Bildungschancen als die, die in Hartz-IV-Familien hineingeboren wurden. Diese Ungleichheit setzt sich bis ins Alter fort und spiegelt sich auch im Renten- und Pensionssystem wider. Im Prinzip folgt dieses dem Motto: „Wer im Erwerbsleben nicht viel verdient hat, soll auch im Alter nicht viel haben." So wirkt das Rentensystem für die meisten Rentner eher wie ein Bestrafungs- statt wie ein Belohnungssystem. „Wer hat, dem wird gegeben, wer nichts hat, bekommt auch nichts" – sicherlich sehr überspitzt formuliert, aber ein wahrer Kern lässt sich nicht verleugnen.

Das Gegenteil einer eigentumsgetragenen Konsumgesellschaft durfte ich bei einem meiner Besuche in Kamerun kennenlernen. Wenn ein Kameruner, der in einem Dorf aufgewachsen ist, eine Arbeit, eine Stellung in der Stadt z.B. als Lehrer, Beamter oder Polizist aufnimmt, dann hat er eine Chance, ab einem gewissen Alter eine Rente zu beziehen. Mit dem Ausscheiden aus dem Berufs- und Erwerbsleben zieht es ihn dann in der Regel wieder zurück in sein Dorf, seine Familie, seine Sippe. Wenn er nun tatsächlich eine Rente bezieht, dann ist ihm völlig klar, dass er diese Rente allen zur Verfügung stellt. Er käme gar nicht auf den Gedanken, seine Rente für sich zu behalten. Von seiner Rente und wenn möglich weiteren Einkommen sollen alle – seine Familie, seine Sippe, sein Dorf – profitieren. Diese Erfahrung lehrte mich, dass Einkommen, Besitz und Eigentum nicht zwingend einer Person zugeordnet werden müssen.

Es scheint demnach auch Kulturen zu geben, in denen Gemeinschaft und Solidarität einen höheren Stellenwert genießen als Besitz und Eigentum.

1.7 Zeit und Zeiterleben in der Normwelt

Zeit ist ein allgegenwärtiges Phänomen, Zeit ist unbegrenzt, Zeit ist immer. Hinter allem, was wir tun und denken, steht immer auch Zeit. Kaum etwas ist gerechter und gleichmäßiger verteilt als Zeit – bis auf die Lebenszeit. Grundsätzlich lässt sich Zeit in drei Bereiche gliedern: die vergangene, die momentane und die zukünftige Zeit. Um die Zeit darüber hinaus handhabbarer zu gestalten, hat man die Uhr und den Kalender erfunden. Damit wird die Zeit berechenbar und kalkulierbar, vor allem wird die zukünftige Zeit planbar. In Afrika lernte ich den Satz kennen: „Ihr Europäer habt die Uhren, wir Afrikaner haben die Zeit." Praktisch wird dieser Satz erfahrbar, wenn man sich in Kamerun auf einen Termin verständigt hat und zu dem vereinbarten Zeitpunkt niemand erscheint, sondern erst Stunden später. Wir empfinden in einer solchen Situation Ungeduld und Ärger. Der Afrikaner aber ist sich keiner Schuld bewusst. Er hatte vorher noch anderes zu tun und ist doch jetzt da. Hier zählen dann nicht die Uhr und Uhrzeit, sondern das, was im Moment als wichtiger angesehen wird.

Dadurch, dass wir der Zeit, hier vor allem der Uhrzeit und der zukünftigen Zeit, ein grundlegendes Gewicht beimessen, geht uns das Leben im Moment, im Augenblick, im Hier und Jetzt immer mehr verloren. In unserem Denken und Handelns laufen wir immer mehr Gefahr, nicht im Moment dabei zu sein, was wir gerade tun, sondern im Kopf bereits an das Nächste und Übernächste und daran, „was alles noch gemacht werden muss", zu denken. Die Uhr, der Kalender wird zum Antreiber unseres Tuns und Handelns, nein, unseres gesamten Lebens.

Entsprechend gliedern wir auch das menschliche Leben in kalendarische Zeiträume: vom Babyalter (0–1 Jahr) über die Adoleszenz bis zu den Langlebigen (über 100 Jahre). So exakt und differenziert solche altersmäßigen Festlegungen erscheinen und damit Altersphasen planbar werden lassen, so kann man nicht umhin festzustellen, dass solche kalendarischen Einteilungen kaum mit der tatsächlichen Wirklichkeit individuellen menschlichen Lebens korrespondieren. Dennoch spiegeln sie sich zumindest teilweise in einer rechtlichen und sozialen Wirklichkeit (z.B. Strafrecht, Volljährigkeit, aktives und passives Wahlrecht, Pensions-/Rentenalter) wider. Auch Berechnungen bezüglich demografischer Veränderungen, Lebenserwartungen oder Sterbefällen dienen der Planbarkeit zukünftiger Ereignisse. Welch kuriose Blüten dieser Wahn nach zeitlicher Planbarkeit schafft, ist die Festlegung des Geburtstermins. Nach der Feststellung der Schwangerschaft teilt einem der Arzt bzw. die Ärztin ein Datum als voraussichtlichen Geburtstermin mit. Ich kenne keine Geburt, die genau an dem vorgegebenen Datum stattfand – mit Ausnahme von Kaiserschnittgeburten.

Gesellschaftlich, aber auch individuell wird die Zeit oder besser die Uhr immer mehr Grundlage des Handelns. Dabei rückt das subjektive Zeiterleben immer mehr in den Hintergrund. Mit der Erfindung der Uhrzeit ist es gelungen, die Zeit zu objektivieren. Ich will an dieser Stelle nicht verhehlen, dass diese Erfindung unzählige Vorteile mit sich bringt, aber auch seinen Preis hat.

1.8 Gesellschaftliches Leitbild des Menschen in der Normwelt

Die Wirtschaft, nein, die wachsende Wirtschaft bildet das Rückgrat unserer Gesellschaft. Wachstum um (fast) jeden Preis ist die Devise. Entsprechend gilt in unserem Kulturkreis als das ungeschriebene Ideal und Leitbild des Menschen der intelligente, vernünftige, berufstätige, verantwortlich handelnde, belastbare, leistungsfähige, erfolgreiche, gesunde, engagierte, fitte, mobile, flexible und all seinen Verpflichtungen nachkommende Erwachsene. In seinem Auftreten soll der Mensch tolerant, gut drauf, locker, positiv gestimmt und gegenüber Kollegen kontaktfreudig, kooperativ, teamfähig und gute Laune verbreitend sein. Als selbstverständlich gelten dann noch „preußische" Tugenden wie Disziplin, Pflichtbewusstsein, Fleiß, Zuverlässigkeit, Ehrlichkeit, Pünktlichkeit und Ordnung.

Wer diesem Leitbild entspricht, erfährt Wertschätzung, Achtung, Anerkennung und Ansehen.

Kein Mensch ist aber in der Lage, diesem Leitbild jederzeit und dauerhaft zu entsprechen. So wurde es nötig, (Zeit-) Räume zu schaffen, die dem Menschen auch die Möglichkeit eröffnen, seine anderen Seiten wie Selbstbestimmung, Lust, Entspannung,

Freude, Genuss, Vergnügen, Hobby oder Sport ungezwungen aus-zuleben. Deshalb wird zwischen Arbeits- und Freizeit, zwischen Arbeitsleben und nachberuflicher Lebenszeit unterschieden. In der Arbeitszeit und -welt gelten völlig andere Anforderungen als in der (Alters-)Freizeit. Der Verbindlichkeit der Arbeitswelt steht die Unverbindlichkeit der (Lebens-)Freizeit gegenüber.

In den ländlichen Regionen Kameruns hingegen, wo die wenigs-ten eine Anstellung haben und im Alter eine Rente beziehen, kennt man nur die Lebenszeit. Die Aufteilung der Lebenszeit in Arbeits- und Freizeit oder Lebensarbeitszeit und Ruhestand ist dort gänzlich unbekannt. Man lebt und trägt im Rahmen seiner Möglichkeiten dazu bei, die Erfordernisse und Notwendigkeiten, die das Leben so mit sich bringt, zu erfüllen. Man tut es dann, wann es nötig ist.

In unserer Arbeitswelt geht es hingegen vor allem um Leistungs-fähigkeit, und hier vor allem um wirtschaftliche Leistungsfä-higkeit – schneller, höher, besser ist die allgemeine Devise. Der Arbeitende soll seinen Beitrag zu Wachstum, Umsatzsteigerung, Rendite, Shareholder-Value mit Effizienz und Effektivität ein-bringen. Eine Folge ist die zunehmende Verdichtung der Arbeits-aufgaben und ihrer Abläufe. Die Mitarbeiterschaften entwickeln sich immer mehr zu olympiareifen Mannschaften, erwartet wer-den Spitzenleistungen.

Früher, und das ist noch gar nicht so lange her, waren immer auch nicht so leistungsfähige Menschen in Unternehmen tätig. Für diese Mitarbeiter gab es Jobs wie Botengänge, Kopierarbeiten, Verteilen von Post und Unterlagen, Reinigungs- und Lagerarbei-ten, Abfall- und Müllentsorgung. Diese sind heute abgeschafft oder outgesourct. Menschen mit begrenzter Leistungsfähigkeit haben keine Chance mehr, eine Anstellung in einem wettbe-werbsorientierten Unternehmen zu bekommen.

Bei den Angestellten in den Unternehmen fühlen sich immer mehr Menschen vom Leistungs- und Erwartungsdruck überfordert. So erklärt sich die große Zunahme an Burn-out, weiteren psychischen und letztendlich auch körperlichen Erkrankungen.

Um diese Erkenntnisse mit meiner beruflichen Lebenswelt zu verknüpfen, schaue ich auf die Entwicklungen im Bereich der Altenpflege, insbesondere der stationären Pflegeeinrichtungen. Mit der Einführung der Pflegeversicherung wurden Pflegeheime immer mehr zu Wirtschaftsunternehmen u. a. mit gezielten Maßnahmen der Arbeitsverdichtung, wie ich sie eben beschrieben habe. Neben der Tendenz, immer mehr Pflegebedürftige von immer weniger Mitarbeitern versorgen zu lassen, wurden auch die finanziellen Rahmenbedingungen für die Mitarbeiter zunehmend eingeschränkt. Viele Unternehmen sind aus bestehenden Tarifverträgen ausgestiegen, Weihnachtsgeld wird in kaum einem Pflegeheim noch gezahlt und Mitarbeiter sehen sich immer öfter gezwungen, bei unerwartetem Personalausfall in ihrer Freizeit einzuspringen. Pflegeheime sollen Rendite erwirtschaften, zulasten der Mitarbeiter und letztendlich auch der Bewohner.

Zwar führt das in der Folge zu dem allseits beklagten Personalnotstand, u. a., weil sich immer weniger Menschen diesen Belastungen aussetzen wollen. Um aber das System aufrechtzuerhalten, greift man nunmehr händeringend auf Mitarbeiter aus Billiglohnländern wie Polen, Rumänien, die Ukraine, Vietnam, Thailand usw. zurück. Entscheidend ist der wirtschaftliche Erfolg, und dem haben sich Menschen unterzuordnen.

1.9 Anpassung an die Normwelt

Unsere westliche Wirklichkeit setzt auf die grundsätzliche Fähigkeit des Menschen, sich an vorgegebene Bedingungen anpassen zu können. Beginnend im Elternhaus lernen Kinder bereits, sich den vorherrschenden Regeln anzupassen. Über Kindertagesstätten, allgemeinbildende Schulen, Ausbildung/Studium und Beruf ist der Mensch gefordert, sich anzupassen, also letztendlich so zu handeln, wie es die jeweiligen Institutionen von ihm erwarten. Die Anpassung an die gegebenen Anforderungen gelingt dann optimal, wenn der Mensch genau das, was von ihm gefordert wird, freiwillig und am besten noch gern tut. Je besser er sich daran anpasst, was von ihm erwartet wird, desto größer sind seine Akzeptanz, seine Anerkennung und sein persönlicher Erfolg. Wenn ein Schüler gern zur Schule geht und auch den vorgegebenen Lernstoff mit Interesse lernt, dann hat er eine sehr gute Chance, die allgemeinbildende Schule gut und erfolgreich abzuschließen. Mit dem guten Abschluss schafft er sich die Voraussetzung, eine gute Ausbildungsstelle oder einen interessanten Studienplatz zu bekommen. Auch in der Ausbildung werden weitere Anpassungsleistungen gefordert. Diese sind zwar anders und zum Teil auch weitreichender als auf der Schule, aber im Kern geht es auch hier darum, den Auszubildenden/Studenten dazu zu bringen, dass er das, was inhaltlich, fachlich und menschlich von ihm gefordert wird, am besten gern annimmt und umsetzt.

Diese Grundfähigkeit des Menschen, sich anzupassen, sich auf die jeweiligen Anforderungen einstellen zu können, bildet die Grundlage von Erziehung, Pädagogik, Sozialisation und Management. Diese Fähigkeit begleitet den Menschen sein gesamtes Leben hindurch. Sie begrenzt sich nicht auf Schule, Ausbildung und Beruf, sondern reicht in alle Lebensbereiche hinein. Als Teilnehmer im Straßenverkehr, als Besucher von Veranstaltungen, als Patient im Krankenhaus, als Gast im Restaurant und Hotel, als Mieter oder Vermieter usw. – überall gelten Spielregeln, an die man sich zu halten hat. Auch hier gilt: Wenn man die vorgegebenen Spielregeln freiwillig und auch noch gern und am besten verbunden mit dem Gefühl der Selbstbestimmtheit einhält, dann gehört man dazu und vermindert Sanktionen.

Das Anerkennen der gesellschaftlich vorgegebenen Spielregeln und das Integrieren in die eigene Persönlichkeit erfolgen dann letztendlich automatisch. Man denkt nicht mehr darüber nach, man reflektiert sie nicht mehr, denn sie sind selbstverständlicher

Alltag. Es ist vergleichbar mit einem routinierten Autofahrer: Er fährt mit seinem Auto und denkt nicht mehr über die jeweiligen Handlungen nach, die er permanent ausführt. Er reagiert so, wie es der Verkehr ihm gestattet. Er bremst, wenn ein Hindernis oder eine Ampel es erfordert, er schaltet, um das Getriebe der jeweiligen Geschwindigkeit anzupassen, er beobachtet den rückwärtigen Verkehr im Außenspiegel, und all das tut er, ohne dabei zu denken. Deshalb kann er sich auch während der Autofahrt über irgendwelche Themen mit seinem Mitfahrer unterhalten. Die Technik des Autofahrens beherrscht er in einer Weise, dass ihm nicht nur das Fahren gelingt, sondern es ihm vielleicht sogar Spaß macht. Was ist passiert? Der Autofahrer hat sich voll und ganz den Bedingungen und Anforderungen, die das Autofahren mit sich bringt, angepasst. Das Autofahren wird Teil der inneren Struktur. Was für das Autofahren gilt, gilt auch für viele, viele andere Fähigkeiten und Tätigkeiten. Der Mensch wird zu einem funktionierenden Gebilde im Getriebe allen gesellschaftlichen Lebens. Ich bin also nicht nur der, der ich bin, sondern ich bin auch immer Abbild der Gesellschaft, die mich, meine Einstellungen, meine Werthaltungen, mein Verhalten formt und prägt.

Die Frage, die nie zu beantworten ist, bleibt: Wer wäre ich, wenn ich in einer anderen Gesellschaft, in einer anderen Kultur, zu einer anderen Zeit gelebt hätte? Sicherlich nicht der, als der ich mich heute empfinde oder der ich heute bin.

Was heißt vor diesem Hintergrund Selbstbestimmung und Individualität? Selbstverständlich fühle und erlebe ich mich in weiten Teilen selbstbestimmt und einzigartig, aber bin ich das wirklich? Klar, ich unterscheide mich von meinen Freunden, meinen Bekannten, meinen Kindern – allgemein von meinen Mitmenschen. Aber bin ich wirklich so anders? Das wirft die Frage nach der Relation, der Gewichtung von Selbstbestimmung und Individualität gegenüber den gesellschaftlich vorgegebenen Anpassungserfordernissen auf. Mein Eindruck ist, dass unsere Gesellschaft davon lebt, dass jeder Einzelne das Gefühl von Individualität, Selbstbestimmung und Einzigartigkeit subjektiv hat, aber wir tatsächlich gesellschaftlich geprägte und überformte Menschen sind. Wir funktionieren und haben zu funktionieren in dem gesellschaftlichen Betriebssystem.

In diesem Zusammenhang fällt mir ein Gedanke von Prof. Roman Trötschel ein, der an der Leuphana Universität Lüneburg lehrt. Sinngemäß äußerte er, „der größte Fehler in der Interpretation von Verhaltensweisen anderer Menschen ist, dass wir den Einfluss der Persönlichkeit überschätzen und den Einfluss der Gesellschaft unterschätzen."

Folgen wir diesem gesellschaftlich vorgegebenen Paradigma nicht oder können wir ihm nicht folgen, laufen wir Gefahr, ausgegrenzt und letztlich je nach Bewertung des Falls in eigens dafür geschaffenen Einrichtungen untergebracht zu werden: Pflegefamilien, Jugendhilfeeinrichtungen, Wohngruppen und -heime für Behinderte, Suchtkranke oder psychisch Kranke, Behindertenwerkstätten, Obdachlosenheime, Jugendstraf- und Justizvollzugsanstalten, betreutes Wohnen für Straffällige nach Verbüßung ihrer Haftstrafe und eben auch Pflegeheime und betreute Wohnanlagen für Senioren. Alle diese Einrichtungen in einem Atemzug zu nennen, mag vielen provokant erscheinen. Die Frage, die wir uns in diesem Zusammenhang leider meist nicht stellen: Warum brauchen wir diese Einrichtungen wirklich – zum Wohle der Betroffenen oder zur Aufrechterhaltung unserer gesellschaftlichen Normalität und damit dem weiteren reibungslosen Funktionieren der Gesellschaft im Allgemeinen und der Wirtschaft im Besonderen?

2. Kapitel

Zum Phänomen Demenz

2.1 Leben in der Normwelt

Bevor ich den Versuch unternehme, die Frage zu beantworten, was all das bisher Beschriebene mit Demenz zu tun hat, möchte ich die Essentials des vorigen Kapitels stichwortartig zusammenfassen:

~ Die Sprache ist die fundamentale Voraussetzung für menschliches Zusammenleben.

~ Unser abendländischer Kulturraum ist vernunftdominiert.

~ Von der Geburt bis zum Tod begleiten uns Gefühle.

~ Wir Menschen sind angewiesen auf soziale Bindungen.

~ Jeder von uns trägt seine Individualität, seine Persönlichkeit in sich.

~ Besitz und Eigentum gelten als besonders erstrebenswert.

~ Die Zeit im Sinne der messbaren Zeit steuert und strukturiert unser gesamtes Leben.

~ Der fitte und kompetente Mensch gilt als Ideal.

~ Am besten funktionieren die Gesellschaft und insbesondere die Wirtschaft, wenn alle Menschen das gern tun, was getan werden muss.

2.2 Der andere Blick

Mit dem Phänomen „Demenz", das sich immer mehr ausbreitet, sehen wir uns nun Menschen gegenüber, deren Verhalten unserer Normalität nicht mehr entspricht. Bisher sind wir der festen

Überzeugung, dass unsere Normalität die bessere ist, und können dem Phänomen „Demenz" kaum einen Sinn abgewinnen. Nein, nicht nur das, wir können dem gar nichts abgewinnen und haben vor allem auch Angst davor, irgendwann Teil dieses Phänomens zu werden.

„In jedem von uns steckt immer auch schon sein Alter", denn das Alter kommt ja nicht von irgendwo, aus dem Nirwana, sondern entwickelt sich in und mit uns. Was wir jedoch nicht im Voraus wissen, ist, wie wir im Alter sein werden, welche Aspekte uns verloren gehen, welche Elemente neu hinzukommen und welche Eigenschaften und Einsichten sich verändern. Gewiss ist aber, dass wir an unserem Altern selbst beteiligt sind.

Wenn die maximale Lebenserwartung der Gattung Mensch bei etwa 125 Jahren liegt, dann liegt es nahe anzunehmen, dass, wenn wir nur alt genug werden, wir alle am Ende unseres Lebens eine Demenz erfahren werden. Alle vorgenannten Aspekte menschlichen Lebens empfinden wir als normal und selbstverständlich. Wir wurden in diese Welt hineingeboren oder, wie Jean-Paul Sartre es schärfer formuliert, „hineingeworfen". Wir haben uns diese Welt, so wie sie sich uns darstellt, nicht ausgesucht, unsere Aufgabe bestand und besteht darin, uns dieser Normalität anzupassen, uns in sie zu integrieren und uns dabei selbst gut zu fühlen.

Unter dieser Annahme und vor diesem Hintergrund kann Demenz dann keine Krankheit sein, sondern nur Teil unseres Menschseins. Vielleicht zeigt sich gegen Ende des Lebens ein weiteres Abweichen von unserer Normalität – ähnlich wie bei einem Baby, welches oberflächlich betrachtet Symptome aufweist, die einer Demenz stark ähneln (es kann nicht sprechen, hat kein Zeitgefühl, ist in allen Belangen abhängig von anderen usw.). In diesem Sinne ist die Demenz so sicher wie der Tod, also eine „conditio humana".

Ich bin immer wieder erstaunt und fasziniert von der Leistungsfähigkeit und Komplexität unseres Gehirns. Was dieses vergleichsweise kleine Organ alles zu leisten in der Lage ist, ist schlichtweg umwerfend. Es gibt nichts, was wir tun, was nicht irgendwie von unserem Gehirn gesteuert wird. Wenn ich nun das Gehirn mit einem Magen oder einem Herzen vergleiche, dann unterscheidet sich die Komplexität dieser Organe grundlegend vom Gehirn. Das Gehirn ist extrem filigran konstruiert, dahingegen ist das Herz nur ein Muskel, und auch der Magen, wenn er auch tagtäglich Beträchtliches leistet, ist ein vergleichsweise einfaches Gebilde.

Ohne den Menschen mit einer Maschine oder einem Motor vergleichen zu wollen, so liegt es doch nahe anzunehmen, dass ein hochkomplexes Gebilde wie das Gehirn eher in seinen Funktionen versagt als einfacher angelegte Organe. Auch dieser Gedanke unterstützt die Annahme, dass mit immer höher steigender Lebenserwartung die Hirnfunktionen, die wir mit einer Demenz in Verbindung bringen, vorzeitig nachlassen werden.

Aber Demenz ist mehr als das Nachlassen von Hirnfunktionen, und es stellt sich vielleicht auch die Frage, ob wirklich die nachlassenden oder besser gesagt ausfallenden Hirnfunktionen ursächlich für die Entwicklung typischer Verhaltensweisen dementierender Menschen verantwortlich sind. Diese Diskussion kam verstärkt nach der Veröffentlichung der sogenannten „Nonnenstudie" auf.

Diese Studie wurde von Professor David Snowdon, Leiter des Sanders-Brown-Zentrums für Altersforschung in Lexington im US-Bundesstaat Kentucky, geleitet. Nach vielen Gesprächen und einiger Überzeugungsarbeit ist es ihm Ende der 1980er-Jahre gelungen, mit seinem Forschungsteam nahezu unbeschränkten Zugang zu einem Studienkollektiv des Ordens „Katholische Schwestern von Notre Dame" zu erhalten. Diese Gemeinschaft von über 600 Nonnen ist für ihren außergewöhnlich hohen Altersdurchschnitt bekannt.

Nachdem sich die Ordensleitung bereit erklärt hatte, an der von Snowdon vorgeschlagenen Langzeit-Untersuchung mitzuwirken, begannen die Wissenschaftler mit ihrer Datenaufnahme. Über viele Jahre beobachteten sie das Sozialverhalten der Gemeinschaft, erstellten medizinische Profile von einzelnen Nonnen und dokumentierten die Ergebnisse regelmäßig durchgeführter kognitiver Tests, mit deren Hilfe sie das geistige Leistungsvermögen der Ordensfrauen ermittelten. Viele Schwestern hatten zudem eingewilligt, dass man nach ihrem Tod ihr Gehirn untersuchen dürfe, sodass die Testergebnisse später mit möglichen hirnorganischen Veränderungen in Beziehung gesetzt werden konnten.

Insbesondere der histologische Teil ihrer Arbeit stürzte Snowdon und sein Team dann von einer Überraschung in die nächste. Schwester Matthia zum Beispiel leistete mit 104 Jahren immer noch ihr tägliches Arbeitspensum auf der Krankenstation – ohne nennenswerte Beeinträchtigungen. Sie war geistig rege und wach, schnitt in den periodisch durchgeführten Tests durchweg hervorragend ab und zeigte auch sonst keinerlei kognitive Einbußen. Als sie im Alter von 105 Jahren verstarb, wies ihr Gehirn allerdings viele der für Alzheimer als typisch geltenden, krankhaften Veränderungen auf: Volumenreduktion, Plaques, Neurofibrillen. Zu Lebzeiten hatte man ihr jedoch nichts davon angemerkt.

Besonders eklatant war der Fall von Schwester Bernadette. Als die studierte, mit einem Magistertitel ausgezeichnete Nonne 85-jährig an einem Herzanfall starb, erwartete die Experten die nächste Überraschung. Die Forscher hatten mit ihr über mehrere Jahre Tests durchgeführt, bei denen sie immer wieder weit überdurchschnittlich abgeschnitten und sich in einigen Bereichen sogar von Jahr zu Jahr verbessert hatte. Professor Snowdon und seine Kollegen waren allesamt zutiefst beeindruckt von der außergewöhnlich scharfen Intelligenz und dem vorzüglichen Gedächtnis der charismatischen Frau. Doch als die Wissenschaftler den Schädel der verstorbenen Schwester öffneten, trauten sie ihren Augen nicht: Sie fanden Bernadettes Gehirn, das ihr bis zuletzt tadellos gedient hatte, in erbärmlichem Zustand. Es war von Alzheimer-Plaques geradezu übersät. Nach der offiziellen Klassifizierung hatte ihr Gehirn den Demenzgrad 6 erreicht – das Alzheimer-Endstadium.

Rüdiger Dammann und Reimer Gronemeyer stellten dann folgende Fragen: „Wie war das möglich? Waren die Ordensschwestern Matthia und Bernadette nun dement oder nicht?" Laut Demenzdiagnostik zu Lebzeiten: Nein, in keiner Weise. Laut Demenzdiagnostik post mortem: Ja, zu 100 Prozent. Das heißt: „Wissenschaftlich" betrachtet waren die Nonnen eindeutig „krank" und müssten demnach in die Demenzstatistik eingehen. Denn für die Mehrzahl der Experten gilt die zweite Diagnose, die Hirnautopsie, gegenüber der ersten, den Kognitionstests, als die wesentlich zuverlässigere. Viele Ärzte betonen, dass man Alzheimer mit letzter Sicherheit erst nach dem Tod durch eine mikroskopische Untersuchung des Gehirns diagnostizieren könne.

Vor dem Hintergrund der Erkenntnisse dieser Studie lässt sich eine Demenz dann nicht mehr vorrangig oder gar ausschließlich hirnorganisch erklären. Das, was wir als Demenz bezeichnen, zeigt und äußert sich im Verhalten und in Verhaltensveränderungen. Dem will ich im Folgenden nachspüren und -gehen. Dabei versuche ich, einen Zusammenhang zwischen unserer Normalität und der Normalität dementierender Menschen herzustellen, denn ich bin der festen Überzeugung, dass erst, wenn wir dementierende Menschen in ihrem Sosein verstehen, können wir ihr Leben, ihr Verhalten und ihr So-anders-Sein als Antwort auf unsere Normalität begreifen und, so hoffe ich, auch akzeptieren lernen. Ich orientiere mich dabei vorrangig an Menschen, die eine Demenz des Alzheimer Typs – also einer langsam und allmählich fortschreitenden Demenz – erfahren und erleben.

3. Kapitel

Leben in der Anderswelt

3.1 Sprache und Begriffe in der Anderswelt

Im Zuge des Fortschreitens einer Demenz gehen dem Betroffenen immer mehr Worte und Begriffe verloren. Wenn seine Sehfähigkeit nicht beeinträchtigt ist, nimmt er Gegenständliches wohl wahr, weiß aber nicht mehr, wie der Gegenstand heißt. Seine Wahrnehmung ist in der Regel nicht beeinträchtigt, sondern nur die Übersetzung des Wahrgenommenen in unsere Sprache und Begriffe.

Umgekehrt ist es ähnlich: Wenn ein dementierender Mensch beispielsweise Durst oder Hunger verspürt, vermag er dies nicht in unsere Sprache zu übersetzen. Er nutzt Ausdrucksweisen vielleicht verbunden mit bestimmten Gesten, die aber erst vom Gegenüber verstanden werden müssen.

Was für uns das Normalste und Selbstverständlichste der Welt ist, nämlich zu sagen „Ich habe Durst" oder „Können Sie mir etwas zu trinken geben?", geht bei einem dementierenden Menschen nicht mehr. An diesem Beispiel wird deutlich, dass hinter Sprache und vor allem der Nutzung von Worten und Begriffen höchst beeindruckende Hirnleistungen stehen, nämlich die Übertragung vom Wahrgenommenen in Worte und Begriffe – also Sprache.

Auch das Verstehen von Worten und Begriffen geht nahezu verloren. Jemanden zu bitten aufzustehen, indem ich sage: „Frau Schulze, stehen Sie bitte mal auf", wird nicht die erwartete Reaktion bewirken, dass Frau Schulze aufsteht. Das kann es auch nicht, da in unserem Fall Frau Schulze mit den geäußerten Worten nichts anfangen kann.

Mit dem Entschwinden der verbalen Sprache und ihrer Begriffe ist eine Kommunikation im Sinne eines „normalen" Informations- und Gedankenaustausches nicht mehr möglich. Was jedoch bleibt, ist die nonverbale Kommunikation, die Körpersprache. Mit Mimik, Gestik, Körperhaltung, Berührung lassen sich Botschaften ausdrücken, ob diese aber verstanden werden, ist erst mal ungewiss. Mit dementierenden Menschen zu sprechen, zu kommunizieren, setzt besondere Fähigkeiten und Bereitschaften beim Gegenüber voraus.

Sprechen ist aber mehr als ein Austausch von Informationen, Gefühlen, Gedanken, Bedürfnissen oder Wünschen. Im und mit dem Sprechen sind Lautstärke, Klänge, Töne, Stimmungen und Schwingungen verbunden. Im Umgang mit dementierenden Menschen gewinnt die Art, **wie** ich spreche, deutlich an Gewicht gegenüber dem, **was** ich äußere. Dies gilt für beide Partner, für den dementierenden Menschen sowie sein Gegenüber.

Wir können nur dann in Kontakt kommen und bleiben, wenn wir bereit sind, eine „neue" Sprache zu lernen, nämlich die Sprache des dementierenden Menschen. Diese „neue" Sprache umfasst dann sinnvollerweise die Körper- und die wortgestützte Sprache, macht es jedoch kaum möglich, sich über komplexere Dinge zu verständigen. Diese Sprache und der Austausch von Inhalten bleiben auf einem – aus unserer Sicht – sehr basalen, einfachen, grundlegenden Niveau.

Mit dem Verlust von Sprache, Worten und Begriffen gelingt es nicht mehr, Hinweise, Regeln, Anordnungen, Gebote und Verbote in gewohnter Form zu vermitteln. Sie werden schlichtweg nicht verstanden.

Um dementierenden Menschen ein Gefühl des Wahrgenommenseins, der Aufmerksamkeit, der Wertschätzung und der Achtung entgegenzubringen, ist das Zuhören von besonderer Bedeutung, auch dann, wenn die hörbaren Laute kaum in ihrem Sinn zu verstehen sind.

Mit dem Entschwinden von Sprache – und dessen sollte man sich bewusst sein – geht in der Folge jegliche Verantwortung für sein Tun verloren. Im Grunde genommen eröffnet sich eine neue Freiheit. Dies mag dem einen oder anderen provokant erscheinen. Man kann in diesem Zusammenhang vielleicht auch von der „Narrenfreiheit" dementierender Menschen sprechen. Für ihr Tun und Lassen tragen sie keine Verantwortung und man kann ihnen auch nicht böse sein oder sie für ihr Verhalten verurteilen.

Mit dem Fortschreiten der Demenz entschwindet genau diese Verbindung von Freiheit, Verantwortung und Verpflichtung. So verfügt der dementierende Mensch über „absolute" Freiheit der Unverbindlichkeit und der Verantwortungslosigkeit. Man ist nicht mehr für sein Tun haftbar. Man kann jetzt so sein, wie man ist.

Die Frage, die sich nunmehr stellt, ist, inwieweit wir diese Narrenfreiheit zulassen und aushalten können und inwieweit wir glauben, sie begrenzen, beschneiden, eingrenzen und eindämmen zu müssen.

3.2 Vernunft in der Anderswelt

Mit der Sprache entschwindet in der fortschreitenden Demenz auch die Vernunft, und mit der Vernunft die Fähigkeit, sein Leben kontrollieren zu können. Vernünftiges, logisches Denken in unserem Sinne ist nicht mehr möglich, denn Zusammenhänge können nicht mehr erkannt werden. Für den dementierenden Menschen sieht das allerdings völlig anders aus: Er lebt nach seiner Logik, nach dem, was er im Moment wahrnimmt und spürt.

Vielleicht gewinnt mit dem Entschwinden der allgemein anerkannten Vernunft die Fantasie an Raum. Fantasie ist losgelöst von Normen, Realität, Rationalität, Logik und Funktionalität. Sie hat eine eigene Qualität, sie verbindet sich mit Erinnerungen und schafft eine ganz eigene Freiheit und Unabhängigkeit. Dementierende Menschen „erlauben" sich, ihre Fantasie Wirklichkeit werden zu lassen: „Sie verrühren die Butter mit dem Kaffee", „Sie stellen die Schuhe in den Kühlschrank", „Sie lesen die Zeitung falsch herum", „Sie machen die Nacht zum Tage" oder „Sie machen ihre Betreuerin zur eigenen Mutter". Dementierende Menschen halten sich nicht mehr an Konventionen, Regeln und Vorgaben, sie leben in ihrer eigenen Welt.

Die mit ihrer Fantasie verbundenen Erinnerungen gehen weit zurück im Leben, hin zu Zeiten, in denen man sich sicher, anerkannt und geborgen fühlte. Das können Zeiten in der Blüte des Lebens, aber auch die frühere Kindheit sein. Man erlebt und lebt in seiner Zeit und handelt auch entsprechend. Für den dementierenden Menschen ist die Vergangenheit real. Die frühere Hausfrau muss jetzt nach Hause, weil die Kinder zu Mittag essen wollen, der frühere Chefarzt muss los, um Visite bei seinen Patienten zu machen, der frühere Amtsleiter muss mit seiner Aktentasche los, um die Dinge zu regeln, die anstehen, oder der ehemalige Landwirt muss in den Stall, um die Kühe zu melken und anschließend auszumisten.

Mich erinnert das sehr an meine Kinder, als sie noch klein waren und ihre Fantasiespiele liebten. Da wurde im Sandkasten gebacken und gekocht und ich durfte die Köstlichkeiten nicht nur probieren, sondern meine Kinder ob ihrer Künste loben. Oder wenn sie die Stühle, den Tisch und weiteres Mobiliar zur Eisenbahn umbauten und dann fröhlich mit dem Zug fuhren. Als sie ein wenig älter waren, spielten sie Kommissar und Täter und richteten sich alles so ein, wie es diese Situation erforderte. Wenn ich in diesen Situationen etwa mit Bemerkungen dazwischen gegangen wäre, das sei ja gar kein richtiger Kuchen, das sei doch keine wirkliche Eisenbahn, dann hätte ich meine Kinder zutiefst enttäuscht, gekränkt und verletzt. Äußerlich und vor allem rational betrachtet, kann man das alles Quatsch und Unsinn nennen, emotional gesehen sah ich die Freude, Begeisterung und den Stolz in den Augen meiner Kinder.

Die Welt, in der sich der dementierende Mensch erlebt, ist vielleicht vergleichbar harmonisch, seine Rolle und seine Aufgaben sind klar, er ist aktiv – mitten in seinem Leben. Er verhält sich vernünftig – in seiner Welt. Für ihn ist die Vergangenheit erlebte Wirklichkeit.

Hier lässt sich die Frage einstreuen: Wer hat denn eigentlich das Problem – mit der Vernunft? Der Betroffene, die Begleitenden, die Gesellschaft insgesamt oder …?

In der Fantasie zu leben, ist eine Fähigkeit, die wir immer mehr in unserer vernunftdominierten Welt verblassen, immer mehr verkümmern und immer weniger zulassen. Ob der vielen Verpflichtungen und Aufgaben schwindet unsere Fantasie und wir werden zu nüchtern, zu rational und zu vernünftig.

Was bei meinen Kindern noch dazukam, war die Tatsache, dass alles, was sie spielten, für sie im Hier und Jetzt passierte. Sie waren mit allem, was sie ausmachten, in der Situation, im Spiel. Alle Überlegungen und Handlungen waren auf die Situation abgestimmt, sie waren ganz in sich und ihrer Welt.

Kommen wir nun zurück zu den dementierenden Menschen. Sie haben in und mit der Demenz die Fähigkeit wiedergewonnen, ihre Erinnerungen und damit auch ihre Fantasien im Hier und Jetzt unmittelbar auszuleben. Vielleicht ist das auch Ausdruck einer als fremd erlebten Welt, in der sie sich nicht mehr geschützt und geborgen fühlen. Dann höre ich schon die Bemerkung: Aber die Welt um sie herum hat sich doch gar nicht verändert, sie wohnen noch im gleichen Haus oder der gleichen Wohnung.

Nun ist es nicht so, dass die Welt oder die Umgebung, wie wir sie sehen, immer objektiv ist. Ich denke da zum Beispiel an meinen Besuch vor mehr als 20 Jahren in der Preservation Hall in New Orleans. Ich hatte das Glück, einem wundervollen New Orleans Jazzkonzert beizuwohnen. Ich war bewegt und begeistert von den Musikern, der Musik und dem Ambiente der Hall. Es entstand der dringende Wunsch in mir, dieses Erlebnis zu wiederholen, und ich konnte es vor einigen Jahren möglich machen, die Hall diesmal in Begleitung meiner Frau wieder zu besuchen. Ich hatte mich sehr darauf gefreut, eine so beeindruckende und faszinierende Performance noch einmal zu erleben. Alles in allem war es so geblieben wie früher, das groovymäßige Ambiente der Preservation Hall, der Musikstil und die Qualität der Musiker. Dennoch war ich nach dem Besuch bitter enttäuscht. Die äußeren Bedingungen hatten sich kaum verändert, aber ich erlebte nicht mehr dieses tiefe Gefühl von Begeisterung wie beim ersten Besuch. Beim ersten Besuch war es ein Zufallsfund und beim zweiten Besuch das Ergebnis einer Planung. Beim ersten Besuch entstand das bewegende Gefühl spontan, beim zweiten Besuch hatte ich die Erwartung, wieder ein vergleichbares Gefühl zu erleben.

Was hat diese Geschichte mit dem Leben eines dementierenden Menschen in seiner Wohnung zu tun? Objektiv lebt er in der gleichen Wohnung, aber subjektiv haben sich seine Wahrnehmung und sein Erleben verändert. Lebten da nicht vor 40 oder 50 Jahren drei Kinder und ein Ehepartner mit in der Wohnung? War die Wohnung damals nicht gefüllt mit zahlreichen Begegnungen und Besuchen? Wurden die Zimmer nicht anders genutzt? War das Alltagsleben nicht geprägt von anderen Geräuschen und Gerüchen? Nach und nach zogen die Kinder aus, gründeten ihre eigenen Hausstände und nach einigen Jahren des Zusammenlebens als Paar verstarb der Mann. Ist jetzt die Wohnung immer noch die gleiche? Bezogen auf die Adresse sicherlich, aber nicht im Erleben des dementierenden Menschen – sie ist ihm fremd geworden.

Die Welt ist nicht objektiv, wir alle kreieren unsere Welt, glauben aber, dass die Weise, wie wir die Welt sehen, die einzig wahre und richtige Wahrnehmung ist. Ein Haus ist nicht nur ein Gebäude, ein Auto nicht nur ein Fahrzeug, ein Smartphone nicht nur ein nützliches Kommunikationstool, es sind alles Dinge, die wir mit unseren Augen wahrnehmen, denen wir Bedeutung beimessen, die in unserem Konzert des Lebens jeweils eine Rolle spielen. Ist alles Vernunft und Objektivität? Nein, wir kreieren uns die Welt, wie sie uns gefällt.

Auch dementierende Menschen haben das Recht auf ihre eigene, subjektive Welt. Ihnen Raum zu lassen, diese zu leben, sollte eigentlich eine Selbstverständlichkeit sein, denn wir nehmen das auch für uns in Anspruch.

3.3 Gefühle in der Anderswelt

Was immer bleibt, solange wir leben, sind Gefühle. Auch dementierende Menschen spüren Gefühle – wahrscheinlich intensiver als wir, da sie nicht abgelenkt werden durch Verhaltensregeln und -normen, durch Konventionen, durch Selbstbeschneidungen. Die Last der äußeren Erwartungen entfällt bei einer fortgeschrittenen Demenz, dementierende Menschen drücken ihre Gefühle spontaner und direkter aus. So beobachten wir immer wieder, wie sich innerhalb kürzester Zeit ein Gefühl der Traurigkeit in ein Lachen verwandeln kann. Oder aber sie zeigen ihre Gefühle nicht, bleiben starr und unbewegt, sodass Betreuende sagen: „Die kriegt nichts mehr mit." Aber stimmt das? Ich halte das für höchst unwahrscheinlich. Aus Erfahrungen mit wiedererwachten Wachkoma-Patienten haben wir gelernt, dass diese Patienten durchaus mehr mitbekommen, als wir früher vermuteten. Deshalb ist man heute dazu übergegangen, sie beispielsweise ihre Lieblingsmusik hören zu lassen, sie zu berühren und die Versorgung nicht sprachlos auszuführen.

Bei dementierenden Menschen wird aber das Gefühlsleben meist von Angst, Unsicherheit und Verletzbarkeit dominiert. Angst ist vielleicht Ausdruck erlebter Fremdheit, Orientierungslosigkeit oder Hilflosigkeit. Man ist sich selbst gegenüber fremd geworden. Während die Umwelt einen alten, hilfsbedürftigen, orientierungslosen Menschen sieht, nehmen sich dementierende Menschen oft als junge Erwachsene wahr und erkennen sich nicht mehr selbst im Spiegel. Wenn ich die Welt um mich herum nicht mehr erkennen, nicht mehr verstehen kann, dann fühle ich mich unsicher. Jeder von uns kennt das Gefühl von Unsicherheit, wenn er in eine neue Situation eintritt. Ich habe das immer wieder in Fortbildungen erlebt. Anfangs sind die meisten Teilnehmer zurückhaltend, vorsichtig, nervös und unsicher. Je länger dann die Fortbildung dauert, umso mehr gehen sie aus sich heraus. Sie legen ihre anfängliche Nervosität ab und werden offener und lebendiger. Sie haben sich das neue Umfeld (die Mitteilnehmer, die Räumlichkeiten, die geltenden Regeln usw.) „erobert". Genau diese Möglichkeit, sich seine Welt zu erobern, wird einem betroffenen Menschen bei fortschreitender Demenz häufig immer schwerer gemacht. Was bleibt, sind Unsicherheit, Orientierungslosigkeit und Hilflosigkeit.

Wie schon gesagt, Angst und Unsicherheit kann man nicht wegnehmen. Man kann nur einen Lebensraum, ein Milieu schaffen oder so (um-)gestalten, dass der dementierende Mensch weniger Angst zu haben braucht. Wesentliche Elemente dieses Lebensraums sind zwischenmenschliche Kontakte, die von Annahme, Vertrauen und Wertschätzung getragen sind und Geborgenheit vermitteln. Wenn jemand ständig „Hallo" ruft, dann kann die Antwort kein Medikament sein. Da ist jemand verzweifelt und ruft, um wahrgenommen, akzeptiert und verstanden zu werden. Angst drückt sich auch nicht selten in Inkontinenz aus, und da helfen auch keine Windeln (diese werden heute sprachkosmetisch als Inkontinenzmaterial bezeichnet, um vom eigentlichen Wesen abzulenken), um die Angst zu stoppen. Die Angst mit Windeln beherrschen zu wollen, ist keine gute Lösung. Auch hier geht es darum, die Angst nachzuvollziehen, zu verstehen und Geborgenheit zu vermitteln.

In einem „Adult Day Care Center" (wir nennen so eine Einrichtung ganz unspektakulär „Tagespflege") in Toronto habe ich an einem Vormittag dem Leben in einer Gruppe beiwohnen dürfen. Alle Besucher waren fachärztlich diagnostiziert und galten als hochgradig dement. Ich saß als mehr oder minder stiller Teilnehmer im Raum und beobachtete mit großem Interesse das Geschehen. Ich empfand die Situation als sehr entspannt, locker und lebendig. Die für mich typischen Verhaltensweisen von Menschen mit einer fortgeschrittenen Demenz konnte ich nicht wahrnehmen. Irritiert sprach ich eine Mitarbeiterin an, ob es wirklich stimme, dass alle Tagesgäste dement seien. Sie schaute mich erstaunt und verblüfft, wenn nicht gar entrüstet an und sagte: „Natürlich sind alle hier hochgradig dement. Gehen Sie doch mal zu einem Tagesgast und fragen ihn nach Fakten." (Tag, Land, Name usw.). Vorsichtig näherte ich mich einer Dame, stellte mich vor, setzte mich neben sie und fragte, wo sie denn wohne. Erstaunt und irritiert schaute sie mich an und brabbelte etwas für mich Unverständliches vor sich hin. Ich wagte kaum, noch weitere Fragen zu stellen, nahm mich aber zusammen und machte noch einen zweiten Versuch. Ich fragte: „Darf ich Sie fragen, wie alt Sie sind?" Wieder erntete ich einen irritierten Blick. Im Laufe des Vormittags machte ich noch mehrere Versuche und bekam mehr oder weniger ähnliche Reaktionen von den angesprochenen Tagesgästen. In dem nachgängigen Gespräch am Nachmittag berichtete ich von meinen Erfahrungen und fragte, wie es denn möglich sei, dass man als Außenstehender augenscheinlich die Demenz nicht wahrnimmt. Die Antwort war sehr simpel: „Wir kennen jeden einzelnen Tagesgast, wir wissen um seine Stärken und Schwächen, um seine Vorlieben und Abneigungen und tun nur Dinge, die der Tagesgast verstehen und mit Erfolg bewerkstelligen kann. Wir möchten, dass jeder Einzelne sich angenommen, verstanden und wertgeschätzt fühlt."

In unseren Breitengraden hingegen höre ich immer wieder den Satz: „Wir möchten, dass unsere Bewohner/Tagesgäste zufrieden sind." Zufriedenheit bei dementierenden Menschen zu erreichen, erscheint sehr erstrebenswert. Aber ist das wirklich ein erstrebenswertes Ziel? Ich habe da meine Zweifel. Erstens, weil

Zufriedenheit nicht selten zu Passivität führt und Energien eher erlahmen lässt, statt sie zu fördern. Warum soll ich denn etwas tun, wenn ich zufrieden bin? Zweitens haben Psychologen herausgefunden, dass Zufriedenheit keine emotionale Reaktion auf eine gegebene Situation, sondern eher ein Persönlichkeitsmerkmal bzw. ein Charakterzug ist.

Was ist damit gemeint? Viele Menschen glauben, dass es Umstände, Bedingungen, Gegebenheiten sind, die uns zufrieden werden und sein lassen. Wenn ich hingegen dem Satz „Gefühle machen wir uns immer selbst" Glauben schenke, dann sind es nicht die Umstände, sondern ich bin es selbst, der dieses Gefühl in mir auslöst. Aber noch interessanter wird es, wenn man davon ausgeht, dass Zufriedenheit ein Persönlichkeitsmerkmal ist. Es gibt Menschen, denen es nahezu immer gelingt, sich auch nach problematischen Situationen, Krisen und Schicksalsschlägen ein Gefühl der Zufriedenheit zu vermitteln. Im Gegenzug gibt es aber auch Menschen, die, was immer passieren mag, unzufrieden sind. Egal, ob sie eine schwere Krankheit überstanden haben, Erfolg hatten, im Lotto gewonnen haben oder mit einem tollen Geschenk überrascht wurden, sie finden immer das berühmte Haar in der Suppe und entwickeln wieder sehr schnell Unzufriedenheit. Wenn also Zufriedenheit eher ein Persönlichkeitsmerkmal ist, dann hat ein Bemühen, den anderen zufrieden zu machen, keinen Sinn. Ebenso sinnlos sind dann auch die üblichen Zufriedenheitsbefragungen.

Als Alternative zum Begriff der Zufriedenheit schlage ich den Begriff des Wohlfühlens vor. Der Begriff „wohlfühlen" impliziert das Subjektive und das Mit-sich-eins-Sein in der Situation. Ob ich mich wohlfühle oder nicht, hat ausschließlich mit mir zu tun. Weiter setzt Wohlfühlen immer mindestens voraus, dass ich mich nicht belastet oder bedroht, sondern mich sicher und entspannt fühle und keine Angst habe. Sich wohlzufühlen, liegt also in der eigenen Verantwortung. Dem anderen bleibt nur, mich in dieser Situation nicht zu belasten oder zu stören.

In diesem Zusammenhang durfte ich die nachfolgende Episode in den Niederlanden kennenlernen:

Ein Mann, 92 Jahre alt, klein, sehr stolz, gut gekleidet und gut rasiert, steht jeden Morgen um 8.00 Uhr auf, seine Haare sind ordentlich frisiert. Er zieht heute in ein Altenheim, da seine 70-jährige Frau vor Kurzem verstorben ist.

Leider muss er einige Stunden im Foyer des Heimes warten, bis sein Zimmer fertig ist. Als man ihn wissen lässt, dass sein Zimmer bereit ist, lächelt er freundlich.

Während ich ihn mit seinem Rollstuhl zum Lift fahre, beschreibe ich ihm sein kleines Zimmer mit dem Bett, dem Nachttisch, dem Kleiderschrank, den Vorhängen usw.

„Mir gefällt das sehr gut", sagt der alte Herr mit der Begeisterung eines achtjährigen Jungen, dem gerade ein kleiner Hund geschenkt wurde.

„Aber Herr Winst, Sie haben das Zimmer doch noch gar nicht gesehen, warten Sie doch erst mal ab."

„Das hat damit nichts zu tun", sagt er. „Etwas gut zu finden, ist etwas, wofür man sich vorher entscheidet. Ob ich mein Zimmer schön finde, hängt nicht von den Möbeln und den Vorhängen ab. Es hängt davon ab, wie ich die Dinge wahrnehme. Ich habe in meinem Kopf beschlossen, das Zimmer schön zu finden. Überhaupt ist das eine Entscheidung, die ich jeden Morgen treffe. Ich habe die Wahl, jeden Tag im Bett liegen zu bleiben und mir alle Körperteile ins Gedächtnis zu rufen, die mir Probleme machen, oder aufzustehen und mich dafür zu bedanken, dass so viele Organe ihre Arbeit gut verrichten. Jeder Tag ist ein Geschenk und solange ich meine Augen öffnen kann, stelle ich mich auf den neuen Tag ein und denke an die vielen glücklichen Erinnerungen, die ich während meines langen Lebens erfahren und erleben durfte."

3.4 Zwischenmenschlichkeit in der Anderswelt

Dementierende Menschen sind in fast allen Dingen des täglichen Lebens auf Unterstützung, Begleitung und Hilfe anderer angewiesen. Vieles, was man früher selbstständig und allein konnte, geht nicht mehr. Über den Tageslauf gesehen kann das beim Aufstehen, der Morgentoilette, der Zubereitung und der Gabe von Speisen und Getränken beginnen und bis zu Toilettengängen, dem Zubettbringen und der Begleitung bei nächtlichen Unruhezuständen gehen. Über 24 Stunden an sieben Tagen die Woche und über zwölf Monate im Jahr braucht man andere, die für einen da sind. Nancy L. Mace und Peter V. Rabins haben aus der Sicht von Angehörigen ihre Erfahrungen in ihrem Buch „Der 36-Stunden-Tag" beschrieben. Überrascht ist man jedoch immer wieder, was dementierende Menschen doch noch können. Hier werden sie nicht selten unterschätzt.

Bezüglich der Unterstützung geht es nicht nur um Anwesenheit und Hilfestellung, sondern für den dementierenden Menschen immer auch darum, vom anderen wahrgenommen, wertgeschätzt und gebraucht zu werden. Dies sind wesentliche Grundbedürfnisse, die nie verloren gehen.

Wir realisieren diese Bedürfnisse in Begegnungen mit einem direkten Gegenüber (Partner), in Kleingruppen (Familie, Stammtisch, Skatrunde, Kollegenkreis, Mitarbeiterteam u. v. a. m.) oder auch in größeren Gemeinschaften (Partys, Feste, Versammlungen, Vortragsveranstaltungen usw.). Diese Grundbedürfnisse begleiten uns ein Leben lang von der Geburt bis zum Tod: Sie gehen uns nie verloren. Die Art und Weise, wie wir diese Grundbedürfnisse leben, ändert sich im Verlauf des Lebens, das hängt u. a. auch damit zusammen, dass wir immer wieder neue Menschen kennenlernen und vertraute Menschen in den Hintergrund treten. Aber auch sogenannte feste Beziehungen bleiben nicht immer gleich: Menschen verändern sich, und so verändert sich auch die Art und Weise, wie vertraute Menschen miteinander umgehen. Kein soziales Leben ist starr, stur und statisch, es unterliegt vielfältigsten Veränderungen und Entwicklungen.

Wie tief verwurzelt das Bedürfnis nach Nähe, Geborgenheit und Vertrautheit in uns steckt, wird besonders dann deutlich, wenn die Fassade wegfällt, die Konventionen keine Rolle mehr spielen, die Umgangsformen nicht mehr beachtet werden können oder die Themen und Gesprächsinhalte scheinbar sinnlos erscheinen. Was bleibt, ist die Suche nach Wahrgenommenwerden, unmittelbarer Nähe und Berührung. Man möchte den anderen nicht mehr gehen lassen, viele klammern sich an diesen Menschen.

In Begegnungen mit dementierenden Menschen erleben wir häufig, dass sie das gleiche Thema viele Male wiederholen. Dieses allseits beobachtete Phänomen kann in mehrfacher Weise gedeutet werden. Der Erzählende hat das Gefühl, der andere habe ihn nicht verstanden. Ihm fehlt die anerkennende, wertschätzende und herausragende Bestätigung des Gesagten. Es kann aber auch bedeuten, wie wichtig dem Wiederholenden das ist, was er sagt. Es ist Ausdruck, wie sehr ihn das Geäußerte beschäftigt. Vielleicht ist es aber auch ein Hinweis, dass der Betreffende im aktuellen Leben, im aktuellen Alltag nichts Besonderes erlebt, weil Monotonie, Langeweile und Gleichförmigkeit seinen Alltag prägen. Jeder Tag ist mehr oder weniger gleich, die Abläufe wiederholen sich immer in gleicher Weise, weder die Wochentage noch die Monate unterscheiden sich. Es gibt eigentlich gar keinen wirklichen Grund aufzustehen. Es gibt kaum etwas, worauf man sich freut. Ein anderer Aspekt kann aber auch sein, dass der dementierende Mensch mit seinen dauernden Wiederholungen sein Gegenüber daran hindern will wegzugehen, ihn allein zu lassen. Welche Deutung auch immer stimmen mag, allen Interpretationen gemeinsam ist, dass das Sich-Wiederholen immer ein Gegenüber voraussetzt, jemanden, der in unmittelbarer Nähe, in Blickkontakt ist. So kann man sein Gegenüber an sich binden und erhält die Aufmerksamkeit, nach der man sich so sehnt.

Irgendwann erkennen dementierende Menschen nicht nur sich selbst, sondern auch ihre Ehepartner, Kinder und Enkel nicht mehr. Sie leben zurück in einer Zeit, die vor dem Kennenlernen des Ehepartners, vor der Geburt der Kinder und Enkel liegt, die sie subjektiv als sicher und vertraut erfahren haben. Vielleicht drückt sich dies auch darin aus, dass dementierende Menschen am liebsten mit ihrem Vor- oder Kosenamen, aber nicht mit ihrem Familiennamen angesprochen werden wollen. In diesem Zusammenhang beobachten wir auch, dass dementierende Menschen Mitarbeiter mit Namen aus ihrer frühen Kindheit belegen. So machen sie aus der Altenpflegerin ihre Mama oder ihre Schwester oder benennen sie mit dem Namen einer früheren Tante. All das sind Wege, sich eine vertraute Umwelt zu schaffen.

Die Suche nach Vertrautheit drückt sich auch in dem aus, was man früher „Weglauftendenz" nannte. Bei genauerer Betrachtung kann es sich durchaus um ein Weglaufen aus einer Welt (z. B. dem Pflegeheim) handeln, die einem fremd und bedrohlich erscheint, aber vielfach konnte man auch feststellen, dass es sich eher um ein „Hinlaufen" handelt – zu einem vertrauten Ort. Das kann die frühere Wohnung, das frühere Elternhaus, der von früher vertraute Arbeitsplatz oder ein anderer Ort sein, an dem man sich sicher und geschützt fühlt.

Insgesamt geht es jedoch um mehr als Vertrautheit und soziale Nähe, es geht um das Gefühl der Zugehörigkeit, des Dabeiseins, des Gebrauchtwerdens und darum, für andere wichtig zu sein. Wenn ich dazugehöre, bin ich auch Teil der Familie, der Wahl-Familie, der Sippe, der Gemeinschaft. Geselligkeit gewinnt in diesem Zusammenhang eine neue, eine existenzielle Bedeutung.

3.5 Individualität in der Anderswelt

Es gibt nicht den Dementierenden schlechthin, genauso wenig wie es den Jugendlichen, den Erwachsenen, den Alten, den Behinderten oder den Ausländer schlechthin gibt. Jeder Mensch, der eine Demenz erfährt, erlebt seinen höchst individuellen Demenzprozess. Dieser ist geprägt von seiner ureigensten Biografie, seiner Geschichte, seinen Erfahrungen, seinen Werthaltungen, seinen Einstellungen – seinem Leben.

Oberflächlich betrachtet, scheinen dementierende Menschen in ihrem Verhalten ähnlich zu sein – vor allem, wenn wir den Blick auf die Defizite legen. Betrachten wir dementierende Menschen aber als einzigartige Persönlichkeiten, dann entdecken wir vielseitige und unterschiedliche Eigenschaften, Interessen, Neigungen und Bedarfe. Die Disposition zur Demenz ist von Anbeginn unseres Lebens in uns, sie kommt nicht von außen durch Viren oder Bakterien; nein, sie entwickelt sich aus uns selbst heraus. Was wir nicht wissen und wahrscheinlich auch nicht steuern und kontrollieren können, ist, welche Charakteristika sich im Zuge einer sich entwickelnden Demenz herausbilden und welche entschwinden werden.

Im Rahmen meines musiktherapeutischen Engagements konnte ich erfahren, wie unterschiedlich dementierende Menschen Musik erleben. Die einen singen lautstark altbekannte Melodien mit, die anderen sind eher passiv Zuhörende, und andere wiederum schlafen ein, weil sie sich entspannt fühlen. Auch durfte ich erfahren, dass die musikalischen Geschmäcker sehr unterschiedlich sind, die einen lieben Volkslieder, die anderen bevorzugen klassische Musik und wieder andere genießen bekannte Schlager aus alten Zeiten.

Ein Etikett, das dementierenden Menschen häufig aufgedrängt wird, ist, dass sie aggressiv seien. Meine Erfahrung und Einschätzung hingegen ist, dass sie weder gefährlich noch feindselig oder aggressiv sind. Was ich aber des Öfteren erlebt habe, ist, dass auch dementierende Menschen versuchen, sich gegen Dinge oder Handlungen zu wehren, die sie nicht haben wollen, nicht verstehen oder zuordnen können. Da stellt sich die Frage, was wir wohl tun würden, wenn man uns etwas aufdrängt wie z. B. zu duschen, was wir aber im Moment nicht wollen, wir aber nicht mehr die Sprachfähigkeit haben, unsere Ablehnung auszudrücken und auch unsere non-verbalen Versuche, unseren Missmut kundzutun, nicht aufgenommen werden. Würden wir dann ruhig und schweigsam das Nicht-Gewollte über uns ergehen lassen? Ich glaube, ich würde versuchen, mich zu wehren, ich würde mich nicht aus meinem Sessel herausheben lassen, ich würde wahrscheinlich laut werden und, soweit es mir noch möglich ist, mich körperlich dagegen zur Wehr setzen. Ich denke an eine Erfahrung, die ich auf einer Intensivstation nach einem Sturz machte. Ich hatte einige Wirbel gebrochen, war operiert worden und musste nun mehrere Tage flach im Bett liegen. Nach ein paar Tagen meinte man, dass ich abführen müsse, und gab mir, ohne dass ich das wirklich zur Kenntnis nahm, entsprechende Abführmittel. Dieses Mittel zeigte alsbald Wirkung und ich drückte die Klingel, um meine Notdurft kundzutun. Wohlgemerkt, ich lag seit mehreren Tagen absolut flach im oder besser auf dem Bett. Nun kamen zwei Krankenschwestern – oder, wie man heute sagt, Gesundheitspflegerinnen – mit einem Steckbecken. Man drehte mich auf die Seite, schob mir das Steckbecken unter meinen Allerwertesten und versuchte, mich wieder auf den Rücken zu drehen. Die Schmerzen, die ich dabei erfuhr, waren so stark, dass ich laut aufschrie und geradezu befahl, das Steckbecken sofort wieder wegzunehmen oder mich wieder auf die Seite zu drehen. Die Gesundheitspflegerinnen ließen aber nicht davon ab, mich weiter auf den Rücken zu drehen, bis ich in meiner Not der einen mit dem Ellenbogen einen dermaßen heftigen Stoß in ihre Magengegend versetzte, dass sie vor Schmerz, Schreck und Entsetzen von mir abließ. Danach nahm man das Steckbecken weg und legte mich wieder behutsam auf den Rücken. Nun war und bin ich nicht dement, erzähle aber diese Geschichte, um zu zeigen, wozu man fähig ist, wenn man sich sonst nicht mehr zu wehren weiß – und ich bin und erlebe mich wirklich nicht als aggressiv.

Um vermeintlich aggressives oder unruhiges Verhalten einzudämmen, werden nicht selten Psychopharmaka, Neuroleptika, Schlafmittel und weitere Medikamente verabreicht. Wenn dementierende Menschen einen starren Gesichtsausdruck zeigen, schläfrig wirken, zusammengesunken dasitzen – sich also sehr gleichförmig verhalten –, dann hat das (meiner Ansicht nach) weniger mit einer Demenz als mit den Auswirkungen der (überdosierten) Medikamente zu tun. Diese chemischen Keulen entpersonalisieren und lassen Individualität nicht mehr zu.

Auch bei fortgeschrittener Demenz bleibt jedoch der tiefe Wunsch, als einzigartige und individuelle Persönlichkeit wahrgenommen zu werden.

3.6 Eigentum und Besitz in der Anderswelt

Obwohl der Satz „Das letzte Hemd hat keine Taschen" allseits bekannt ist, streben viele Menschen nach Besitz und Eigentum. Eigentum und Besitz stehen für Sicherheit, Status, Macht und Prestige. All das gilt, solange man keine Demenz erfährt. Je stärker die Demenz das Leben beeinflusst, desto bedeutungsloser werden Besitz und Eigentum. Ab einem Punkt geht die Unterscheidung von mein und dein vollends verloren. Dementierende Menschen betrachten alles, was sie interessiert, als ihres. Die Schuhe, die Strickjacke, den Schmuck, den Mantel, die Geldbörse anderer betrachten sie als ihr Eigentum. So betreten sie beispielsweise die Zimmer von Mitbewohnern, gehen dort auf Entdeckungsreise, stöbern in den Schränken und nehmen das eine oder andere mit. Wenn dann aber gerade Angehörige zu Besuch kommen und sehen, wie eine Mitbewohnerin mit dem gerade neu gekauften und geschenkten Schlafanzug das Zimmer verlässt, dann reagieren viele entsetzt. Für sie ist das eine Verletzung des Eigentumsrechts und sie halten deshalb dieses Verhalten für inakzeptabel.

Nichts mehr anschaffen zu müssen, nicht mehr seinen Besitz und sein Eigentum wahren und schützen zu müssen, schafft Entlastung. Die Welt, wie sie vor mir liegt, ist meine. Ich muss keine Rücksicht mehr darauf nehmen, was mein und dein ist. Ich muss den anderen auch nicht mehr fragen, ob ich dieses oder jenes haben oder ausleihen darf. Ich darf das, weil es mich im Moment interessiert, weil ich es im Moment gebrauchen kann. Auch wenn ich nicht weiß, was ich damit machen kann und soll, aber es hat meine Aufmerksamkeit geweckt.

Dann beobachten wir immer wieder, wie dementierende Menschen alles Mögliche gern hin- und hertragen, es irgendwo abstellen und sich auf die Suche nach ergänzendem Material begeben. Ob das letztendlich zusammenpasst, ist relativ unwichtig. Es ist für die Betroffenen eine Art Arbeit, die sie verrichten müssen. Hinter diesem Tun verbirgt sich kein Gefühl, etwas Unrechtes oder Verbotenes zu tun. Es tut ihnen gut, diese Arbeit zu erledigen. Sie dabei zu stören oder gar darauf hinzuweisen, dass sie alles durcheinanderbringen, bedeutet, sie in ihrem Tun, in ihrem Gefühl, gebraucht zu werden, nicht anzuerkennen.

In Artikel 14 des Grundgesetzes heißt es: „Eigentum verpflichtet." Mit dem Fortschreiten der Demenz fühlt sich der Dementierende von dieser Verpflichtung befreit und kann nicht mehr zur Verantwortung gezogen werden. Was aber zu bleiben scheint, ist das Verteidigen des eigenen, vertrauten Besitzes wie zum Beispiel der mitgebrachte Sessel, die eigene Handtasche oder die Bilder der Familie.

Auch wenn ich Analogien und Vergleichen von dementierenden Menschen mit Kleinkindern sehr, sehr kritisch gegenüberstehe – weil das Kind seine Zukunft noch vor sich hat und der betagte Mensch ein jahrzehntelanges Leben in sich trägt –, so lässt sich nicht verhehlen, dass für beide der Eigentumsbegriff fremd ist. Ich kann mich noch sehr gut dran erinnern, wie meine Kinder, als sie noch klein waren, alles für sich beanspruchten. Ihnen die Unterscheidung von mein und dein nach und nach beizubringen, förderte im Moment nicht gerade das Wohlbefinden meiner Kinder. Als sie aber begannen, das zu verstehen, achteten sie sehr schnell darauf, dass das, was ihres war, auch ihres blieb und – wenn nötig – verteidigten sie ihres auch gegenüber anderen. Gerade auch, wenn andere Kinder zu Besuch kamen und gern mit dem Spielzeug meiner Kinder spielen wollten, was die Meinigen aber strikt ablehnten. So brauchte es eine behutsame Intervention unsererseits, den Kindern beizubringen, dass sie ihre Freunde doch mit dem Spielzeug spielen lassen sollten, denn es würde hierbleiben und die anderen würden es nicht wegnehmen. Es ist auch eine Beobachtung, dass das, was der andere hat, immer das Interessantere zu sein scheint.

In einer Pflegeeinrichtung in Kanada lernte ich eine hochgradig demente alte Dame kennen, die sich weigerte, von ihrem eigenen Teller zu essen, den ließ sie unberührt stehen. Was den Mitarbeitern aber auffiel, war, dass sie Essen vom Teller ihres Tischnachbarn stibitzte. So lernten die Mitarbeiter, dass, wenn sie einen zusätzlichen Teller mit Essen auf den Tisch stellten, diese Dame diesen dann komplett leer aß. Aus Gesprächen mit Angehörigen erfuhren dann die Mitarbeiter, dass diese Dame als Kind immer besonders gern vom Teller des Vaters gegessen hatte. Mit der Bereitstellung dieses zweiten Tellers unterstützten sie die betagte Dame im Selbsterleben des kleinen Kindes.

Was ich mit dieser Analogie sagen will: Ein Leben ohne die Zuordnung von mein und dein scheint angenehm zu sein und hinter der Achtung des Besitzes anderer steht ein mühevoller und teilweise schmerzhafter Lernprozess. Das Entschwinden des Respekts vor dem Dein scheint neue Dimensionen der Welterfahrung zu eröffnen.

3.7 Zeit und Zeiterleben in der Anderswelt

Dementierende Menschen können sich nicht mehr an kurzfristig Vergangenes erinnern. Es ist immer wieder für uns schwer nachzuvollziehen, wenn dementierende Menschen bereits auf dem Weg vom Mittagessen zu ihrem Zimmer fragen, wann es denn endlich etwas zu essen gibt. Auch Hinweise, dass man doch gerade gegessen habe, erweisen sich nicht als hilfreich. Es scheint tatsächlich so zu sein, dass sie sich nicht mehr an das gerade eingenommene Mittagessen erinnern. Ähnlich ergeht es Verwandten, wenn sie zu Besuch kommen, sich nach vorherigen Besuchern erkundigen und als Antwort erhalten, dass man schon lange keinen Besuch mehr bekommen habe, obwohl doch erst gestern der Enkel da war.

Auch sind dementierende Menschen nicht mehr in Lage, nach vorne, in die Zukunft zu schauen. Termine können sie sich schon gar nicht merken, und auch auf alltägliche Handlungen wie die Einnahme von Mahlzeiten müssen sie immer wieder besonders angesprochen werden. Wenn man nicht vorausschauen kann, kann man auch nicht die Folgen der eigenen Handlungen vorhersehen. Wenn ihnen etwa ein Teller aus der Hand fällt, dann werden sie keine Anstalten zeigen, den Teller aufzuheben. Es mag sein, dass sie dann etwas auf dem Boden liegen sehen, aber nicht erkennen, dass es ein Teller ist, und schon gar nicht, dass es der Teller ist, den sie eben haben fallen lassen. Vielleicht versuchen sie, den Gegenstand mit dem Fuß wegzuschubsen. Somit können dementierende Menschen nicht für das haftbar gemacht werden, was sie getan haben.

Menschen, die eine fortgeschrittene Demenz erfahren, leben im Hier und Jetzt, im Moment. Der Moment ist zentral. Im Moment geschieht alles ohne Rückblick auf Vergangenheit und Zukunft.

Nach welchem Rhythmus dementierende Menschen leben können, leben würden oder leben möchten, ist schwer einzuschätzen. Dies liegt unter anderem daran, dass wir mehr oder weniger alles daransetzen, unseren Tages-, Wochen-, Monats- und Jahresrhythmus beizubehalten und dementierende Menschen entsprechend zeitlich einzubinden. In Pflegeheimen hängen Uhren, Kalender und weitere Hinweise, die den dementierenden Bewohnern helfen sollen, sich zeitlich zu orientieren. Die Wirksamkeit halte ich für äußerst begrenzt, den die Bewohner verstehen weder die Uhr noch können sie das unverständliche Ding aus Papier als Kalender identifizieren.

Nach Schützendorf bewegen sich dementierende Menschen nicht nur außerhalb der Zeit, sondern in der Regel auch außerhalb der von uns als verbindlich anerkannten Ordnung. Diese Ordnung wird auf unterschiedlichste Weise gegenüber der planlos erscheinenden Welt dementierender Menschen aufrechterhalten: Orientierungstafeln, Wegweiser, Fluchtzeichen, Speisepläne oder Türschilder sagen: Wir befinden uns in einer Welt der Ordnung, Planbarkeit und der Zielgerichtetheit. Hier besteht die Gefahr, dass die Symbolkraft von Zeichen wie Uhr und Kalender, Dekoration und funktionalen Gegenständen für absolut erklärt wird.

Vielen ist das Phänomen der Tag-Nacht-Umkehr vertraut, d.h. in der Nacht sind dementierende Menschen aktiv und am Tage sind sie eher schlapp und schläfrig. Sicherlich hat das auch damit zu tun, dass der Mensch – unabhängig von einer Demenz – im Alter weniger Schlaf braucht. Manche kommen mit vier bis fünf Stunden aus. Ein wichtiger Grund für nächtliche Wachheit und Umtriebigkeit dementierender Menschen sind die vielen kurzen Schlafphasen tagsüber. Der Schlafbedarf bezieht sich auf 24 Stunden. Schläft ein Mensch tagsüber schon mehr als eine halbe Stunde, ist natürlicherweise sein nächtlicher Schlafbedarf geringer. Darüber hinaus erreichen Betagte kaum noch sogenannte Tiefschlafphasen, sodass sie am Morgen das Gefühl haben, gar nicht oder nur sehr wenig geschlafen zu haben.

Was das Leben und Erleben von dementierenden Menschen weiterhin einschränkt, ist die Tatsache, dass die Konzepte sogenannter demenzorientierter Einrichtungen nahezu alle taglastig sind. Das Phänomen Demenz lässt sich aber nicht auf Tages- und Dienstzeiten reduzieren, es ist ein 24-Stunden-Phänomen. So geht eine dienstplanorientierte Alltagsgestaltung an den eigentlichen Bedarfen, Bedürfnissen, Wünschen und Möglichkeiten dementierender Menschen vorbei.

Dementierende Menschen zeigen uns in aller Deutlichkeit, dass alles im Moment geschieht. Das gilt auch für uns, die wir keine Demenz erfahren. Nur überlagern wir den Moment mit Gedanken an das Nächste, an das Zukünftige, und erkennen kaum noch, dass alles, was wir tun, auch im Moment, im Augenblick geschieht.

3.8 Gesellschaftliches Leitbild der Menschen in der Anderswelt

Wenn autonome Lebensgestaltung bedeutet, sein Leben nach den eigenen Bedürfnissen und auch den eigenen Gesetzen auszurichten, sind dann nicht dementierende Menschen autonomer als die nicht oder noch nicht dementierenden Menschen? Ist es nicht gerade ihre Autonomie, ihr nur an den eigenen Bedürfnissen orientiertes Verhalten, welches es uns so schwermacht, mit ihnen zu leben, mit ihnen umzugehen? fragt Andrea Fröchtling[1].

Dementierende Menschen entsprechen in keiner Weise dem Leitbild unserer Normwelt. Sie sind nicht vernünftig, sie sind nicht leistungsfähig, sie tragen keine Verantwortung, sie machen vieles in unserem Sinne falsch, sie tun das, was ihnen im Moment richtig erscheint, sie gelten als krank, sie haben keine

---

1   Andrea Fröchtling, Und dann habe ich auch noch den Kopf verloren …, in: Arbeiten zur Praktischen Theologie, herausgegeben von Wilfried Engemann, Christian Grethlein und Jan Hermelink, Band 38, Evangelische Verlagsanstalt Leipzig, 2008

Verpflichtungen, sie verhalten sich nicht so, wie wir es von Erwachsenen üblicherweise erwarten, sie halten sich nicht an Konventionen, sie respektieren keine gemeinschaftlichen Regeln, sie machen uns ratlos und hilflos – sie verkörpern eine Gegenwelt, der wir nichts, aber auch wirklich gar nichts abgewinnen können. Ja, sie machen uns sogar Angst, weil wir befürchten, am Ende unseres Lebens genauso werden zu können wie sie.

Dementierende Menschen stellen alles infrage, was wir als wichtig und erstrebenswert empfinden – Status, Prestige, Besitz, Reichtum, Kultur. All das, wofür sie sich ein Leben lang eingesetzt, sich engagiert, was sie in ihrem Leben erreicht haben, hilft ihnen im Fortschreiten einer Demenz nicht.

Alles infrage zu stellen, ist eigentlich eine ungeheure Provokation, die wir kaum aushalten können. Um uns vor diesem Phänomen Demenz zu schützen, hat man sich in den 80er-Jahren darauf verständigt, es als Krankheit zu bezeichnen. Früher sprach man von Verwirrtheit. Es gibt schlimme und weniger schlimme Krankheiten, aber für Krankheiten sind Spezialisten, Ärzte, Fachärzte, Krankenhäuser, Fachpflegekräfte zuständig. Generell denkt man, dass Krankheiten heilbar sind, auch wenn derzeit (noch) keine Therapien zur Verfügung stehen. Mit der Zuordnung und Klassifizierung von Demenz als Krankheit wird bei vielen Menschen die Hoffnung geweckt, diese Krankheit nicht zu bekommen. Nach wie vor sind die Ursachen für die Entstehung einer Demenz, respektive einer Demenz vom Typ Alzheimer, nicht vollständig erforscht. Die Diagnose Demenz vom Typ Alzheimer ist nach wie vor eine Ausschlussdiagnose. Trotz inzwischen jahrzehntelanger intensiver Forschung gibt es bislang allerdings noch keinen einzigen Ansatz, wie man z.B. die Alzheimer-Demenz heilen könnte. Das Einzige, was man als Ergebnis der Forschung bislang erreicht hat, ist bestenfalls, den Ausbruch zu verzögern und den Verlauf der Demenz eventuell zu verlangsamen. Reimer Gronemeyer bezeichnet deshalb die Medikalisierung bei Demenz als Irrweg.

Den Ansatz, dass eine Demenz Wesensmerkmal unserer Gattung Mensch ist und damit jeder diese Erfahrung machen wird, wenn er nur alt genug werden würde, darf man kaum aussprechen, obwohl er doch so naheliegt. Alle Studien weisen aus, dass ein hohes Lebensalter den größten Risikofaktor darstellt. Dass bei einer Demenz das Gehirn in hohem Maße beteiligt ist, wird von niemandem angezweifelt, aber ob die hirnorganischen Veränderungen wirklich ursächlich für Persönlichkeitsveränderungen verantwortlich sind, kann nach der Nonnenstudie angezweifelt werden. Dass die Leistungsfähigkeit – laienhaft ausgesprochen – des Gehirns sich im Laufe des Lebens verändert und verringert, hängt sicherlich auch mit der ungeheuren Komplexität des Gehirns zusammen. Alles, was wir tun, wird irgendwie vom Gehirn gesteuert. Wenn ich das Gehirn beispielsweise mit dem Herzen, der Niere oder anderen Organen vergleiche, dann zeigt sich, wie unterschiedlich die Komplexitäten sind. Dass das Hirn dann im Laufe der vielen, vielen Jahre anfälliger für Schädigungen und Beeinträchtigungen ist, erscheint sehr offensichtlich. In diesem Zusammenhang will ich nicht näher darauf eingehen, dass mit der Kategorisierung von Demenz als Krankheit die Interessen der Medizinwirtschaft gefördert werden. Wichtiger erscheint mir der Gedanke, dass mit dem Konstrukt Krankheit eine „heile" Welt aufrechterhalten werden soll, um unsere zivilisatorischen Errungenschaften nicht infrage stellen zu müssen.

Demgegenüber ist es mir ein Anliegen, der Frage nachzugehen, was wir als Nicht-Demente für und über unser Leben von dementierenden Menschen lernen und wie wir dieses Phänomen gesellschaftlich akzeptieren und integrieren können. Ich gehe darauf noch im letzten Kapitel näher ein.

3.9 Anpassung in der Anderswelt

Dementierende Menschen begreifen die „normale" Welt nicht mehr und können sich dementsprechend auch nicht an vorgegebene Regelungen, Konventionen, Bedingungen anpassen. Sie können sich nichts merken, sie tun das, was für sie im Moment angesagt ist – und dies fast zu jeder Tages- und Nachtzeit.

Dementierende Menschen lassen sich nicht belehren, lassen sich nicht erziehen, lassen sich nicht kontrollieren, lassen sich nicht steuern. Wir müssen lernen, uns an sie anzupassen. Das fällt uns schwer, denn wir bemühen uns, in unserer (normalen) Welt zurechtzukommen, und sollen dann noch gleichzeitig den dementierenden Menschen in seiner Welt akzeptieren, respektieren und unterstützen. Meinen Kindern bringe ich bei, sich beim Essen vernünftig zu benehmen, und bei dementierenden Menschen soll ich hinnehmen, dass sie mit dem Essen rummatschen, schlabbern und sich bekleckern und es dann noch toll finden, dass sie selbstständig gegessen haben – im Wissen, dass ich nachher den ganzen Schlamassel wieder in Ordnung bringen soll. Eine wirklich große Herausforderung für alle, die den Alltag mit dementierenden Menschen teilen.

Wenn dem so ist, dass dementierende Menschen nicht mehr allgemeinen Gepflogenheiten entsprechen können und medizinische Lösungen nicht gegeben sind, dann sind **wir** gefordert, uns an die besonderen Lebensumstände dementierender Menschen anzupassen. Das ist eine völlige Umkehr des bisherigen gesellschaftlichen Selbstverständnisses, das sich auf die grundsätzliche Anpassung des Menschen an die gegebenen Bedingungen stützt. Nicht der Mensch passt sich der Gesellschaft, sondern die Gesellschaft passt sich den dementierenden Menschen an. Nur so können wir einen Lebensraum schaffen, der dementierende Menschen so sein lässt, wie sie sind.

Wo wir gelernt und akzeptiert haben, dass **wir** uns anpassen müssen, ist bei Menschen, die noch ganz jung sind – den Neugeborenen, den Babys. Hier akzeptieren wir, dass sie keinen geregelten Tag-Nacht-Rhythmus haben, dass sie sich nicht selbst ernähren können, dass sie sich nicht sprachlich äußern können, dass sie ihre Ausscheidungen nicht kontrollieren können – dass sie in allen Belangen auf mütterliche und väterliche Fürsorge angewiesen sind. Für sie schaffen wir ganz spezielle Räume mit einer ganz besonderen Ausstattung, wir richten unser gesamtes Leben nach ihnen aus – wir tun das mit Liebe und Leidenschaft, auch wenn es immer wieder sehr, sehr anstrengend ist. Wir wissen, dass dies bei uns Menschen so ist. Vor einiger Zeit hatte ich das Glück, in Ungarn eine Kuh zu erleben, die in freier Wildbahn ein Kalb zur Welt brachte – ohne irgendeine Hilfe. Etwa nach 30 Minuten stand das Kalb auf und machte die ersten Schritte. Aber bei uns Menschen ist das anders und sehr viel langwieriger.

Was ich mit dieser Analogie sagen will: Wir Menschen sind durchaus in der Lage, für andere einen Lebensraum zu schaffen, der ihnen guttut, in dem sie sich wohl, geschützt und geborgen fühlen. Wir sind in der Lage, uns entsprechend einzustellen, weil wir wissen, dass es gar nicht anders geht, weil sich Babys eben (noch) nicht anpassen können.

Die Tatsache des Soseins und Nicht-anders-sein-Könnens haben wir bei Babys und Kleinkindern akzeptiert, nicht aber bei dementierenden Menschen.

Das Nichtakzeptieren der Demenz als urmenschliches Phänomen im fortgeschrittenen Alter führt immer wieder dazu, diese Menschen an unsere Normalität angleichen zu wollen. Alle Bemühungen, dementierende Menschen an unsere Welt, unsere Normen, unseren Tagesrhythmus, unsere Regelungen, unsere Bedingungen anzupassen, scheitern und laufen Gefahr, in Reglementierung, Bestrafung, Androhung, Zwang oder medizinisch in Sedierung zu enden. Von Achtung, Respekt, Wertschätzung und Lebensqualität kann dann keine Rede mehr sein.

Solange diese grundsätzliche gesellschaftliche Akzeptanz fehlt, dominiert die Angst vor einer Demenz auch bei denen, die eine Demenz erfahren. Um dieser Angst zu entgehen, delegiert man die Demenz in die Krankheitssphäre, in der Hoffnung, durch Leistungen der Medizin diesem Schicksal zu entgehen. Damit verbunden ist dann leider auch das Unterlassen nicht-medizinischer Gestaltungs- und Umgangsmöglichkeiten.

Wenn ich jetzt in der Coronakrise mitbekomme, zu welch ungeheuren Anstrengungen Staat, Politik, Regierungen und Behörden in der Lage sind, bin ich bitter enttäuscht über das, was sie für die Millionen Menschen, die eine Demenz erfahren und erfahren werden, nicht tun.

4. Kapitel

Die Brücke der Norm- zur Anderswelt

Bevor ich die Brücke von der Norm- zur Anderswelt beschreibe, möchte ich die Welt der dementierenden Menschen noch einmal stichwortartig zusammenfassen:

~ Im Zuge des Fortschreitens der Demenz gehen den Betroffenen immer mehr Worte und Begriffe verloren.

~ Mit dem Entschwinden der Sprache eröffnet sich eine neue Freiheit der Unverbindlichkeit. Man kann jetzt so sein, wie man ist.

~ Die Betroffenen begreifen die Welt nicht mehr und können sich entsprechend nicht an **unsere** Regelungen, Konventionen und Bedingungen anpassen.

~ Die Betroffenen verhalten sich in **ihrer** Welt vernünftig.

~ Die Betroffenen haben ein Recht auf ihre eigene, subjektive Welt.

~ Was immer bleibt, sind Gefühle. Die Betroffenen spüren die Gefühle möglicherweise intensiver als wir, auch wenn sie sie nicht so äußern, wie wir es gewohnt sind.

~ Es geht dementierenden Menschen um mehr als Vertrautheit und soziale Nähe, es geht um das Gefühl der Zugehörigkeit, des Dabeiseins, des Gebrauchtwerdens und für andere wichtig zu sein.

~ Demenz ist ein Wesensmerkmal unserer Gattung als Mensch.

~ Es gibt nicht den dementierenden Menschen schlechthin. Betrachten wir sie als besondere Persönlichkeiten, dann entdecken wir vielseitige und unterschiedliche Bedarfe, Eigenschaften, Interessen und Fähigkeiten.

~ Auch bei fortgeschrittener Demenz bleibt der tiefe Wunsch, als einzigartige und individuelle Persönlichkeit wahrgenommen zu werden.

~ Je stärker die Demenz das Leben beeinflusst, desto unwichtiger werden Besitz und Eigentum.

~ Dementierende Menschen leben im Hier und Jetzt, im Moment. Im Moment geschieht alles ohne Rückblick auf Vergangenheit und Vorausblick auf Zukunft.

~ Dementierende Menschen stellen alles infrage, was wir als wichtig und erstrebenswert erachten.

Diese Zusammenfassung zeigt, dass die Welt des dementierenden Menschen eine völlig andere ist als die, in der wir leben. Die Welt ist nicht nur anders, sondern anders in einer Radikalität, dass sie uns Angst macht. Viele Menschen hoffen und geben alles dafür, dass es ihnen erspart bleibt, diese Erfahrung machen zu müssen. Manche sehen sich davon so bedroht, dass sie entscheiden, sich durch ein vorzeitiges Ausscheiden aus dem Leben davor zu bewahren.

Was löst diese Angst aus? Sicherlich zum einen die Ungewissheit, wie es sich mit einer Demenz lebt, und dann auch die Bilder, die man von dementierenden Menschen gesehen hat. Wie stark Bilder wirken können, haben wir gerade in der Coronakrise erlebt. Es waren die Bilder aus Bergamo, Italien, New York und Brasilien, die bei vielen Menschen eine so große Angst ausgelöst haben, dass sie bereit waren, die Freiheits- und Grundrechtseinschränkungen zu akzeptieren.

Ich bin allerdings davon überzeugt, dass es die Umstände, die Bedingungen und die Art und Weise sind, wie mit dementierenden Menschen umgegangen wird, die die Angst auslösen. Bevor wir uns aber der Frage zuwenden, wie wir dieser Angst begegnen können, widmen wir uns dem Weg von der Normalität in die Welt des dementen Menschen.

Den Weg von der „normalen" Welt in die Welt der Demenz zu gehen, bedeutet einen anstrengenden, schwierigen, belastenden, mühsamen, leidvollen und quälenden Weg zu gehen. Wie diese Wegstrecke erlebt und erfahren wird, ist sicherlich von Mensch zu Mensch unterschiedlich. Ähnlich wie das Leben individuell verläuft, so ist auch dieser Weg für jeden Einzelnen ein sehr eigener.

Für diesen Weg nutze ich den Begriff der Brücke. Die Brücke in die Demenz ist keine stabile und solide Brücke, sie ist unwägbar, unsicher, instabil und gewunden. Die gegenüberliegende Seite ist nicht zu sehen, sie liegt im tiefen Nebel, man kann immer nur den nächsten Schritt ertasten. Mit dem Betreten dieser Brücke verliert man den sicheren Boden unter den Füßen, die Kontrolle über sich, den Weg und das, was kommt, und befürchtet, sich zu verlieren. Sein Leben im Griff zu haben, zu wissen, wo es langgeht, entschwindet immer mehr, gerät außer Kontrolle und macht grässliche Angst.

Wesentliches Grundelement dieser wackeligen Brücke sind nicht nur Kontrollverlust, Unwissenheit und Unerfahrenheit, sondern vor allem die Tabuisierung und Verdrängung der Demenz, wie sie aus der Normwelt übernommen wurde. Kaum ein Phänomen wird stärker ausgegrenzt, negiert, tabuisiert und verdrängt als Demenz. Wenn ich in Fortbildungen die Teilnehmer mit der Aussage konfrontiere, dass jeder von uns eine gute Chance hat, später im Leben eine Demenz zu erfahren, dann ist die Reaktion meist Entsetzen und Nicht-wahr-haben-Wollen. Das Phänomen Demenz ist in der normalen Welt so sehr mit Angst und Schrecken besetzt, dass Menschen sich damit nicht auseinandersetzen wollen. Entsprechend leben sie in der Hoffnung, dass es sie nicht trifft, informieren sich kaum aktiv und wissen auch wenig über dieses Phänomen. In diesem Zusammenhang bewundere ich die weltweiten Bemühungen der Alzheimer-Gesellschaften, Menschen über Demenz zu informieren, aufzuklären und aktive Unterstützung in vielfältiger Weise anzubieten. Ich bedauere allerdings, dass die Alzheimer-Gesellschaften konsequent an der Klassifikation von Demenz als Krankheit festhalten. Damit öffnen sie ein Schlupfloch in dem Sinne, dass Menschen von dieser Krankheit nicht befallen werden können, und vor allem auch, dass dieses Phänomen prinzipiell heilbar sei. Ungeachtet dessen haben die Alzheimer-Gesellschaften schon sehr viel dazu beigetragen, das Thema Demenz öffentlicher und gesellschaftsfähiger werden zu lassen. Aber ein Durchbruch im Sinne der Akzeptanz von Demenz als Phänomen menschlichen Seins im fortgeschrittenen Alter ist bisher nicht gelungen.

Wie sieht nun der Weg, die Brücke in die Demenzwelt, aus Sicht eines dementierenden Menschen aus? In der Regel beginnt jede Demenz in der eigenen Häuslichkeit und ist damit eng verbunden mit den Menschen im unmittelbaren Umfeld: mit der Partnerin, der Familie, dem Freundes- und Bekanntenkreis, der Nachbarschaft usw. In diesem Sinne ist die Demenz nicht nur ein individuelles, sondern immer auch ein soziales Schicksal.

4.1 Erleben der Betroffenen auf dem Weg in die Anderswelt

Werfen wir zuerst einen Blick auf das individuelle Erleben, bevor wir uns der sozialen Dimension zuwenden.

Nach allem, was wir wissen, kann die Demenz so etwa im vierten Lebensjahrzehnt beginnen, in einer Zeit also, in der wir mitten im Leben stehen. Über viele, viele Jahre, manchmal sogar Jahrzehnte, spüren wir nichts von einer Demenz. Aber irgendwann beginnen wir zu spüren, dass wir vergesslicher werden. Namen fallen uns nicht mehr so schnell ein, wir tun uns schwer, uns an Ortsnamen zu erinnern, und bemerken, dass uns bisher geläufige Begriffe nicht mehr einfallen. Wir beginnen zu spüren, dass sich dies anders anfühlt als das normale Vergessen.

In diesem Zusammenhang muss man daran erinnern, dass das Vergessen eine wesentliche Fähigkeit von uns Menschen ist. Wenn wir alles, was wir an Informationen durch Sinnesorgane aufnehmen, behalten, also speichern, würden, dann wäre unser Gedächtnis sehr schnell überfordert. So sind wir in der Lage, schnell zu erkennen und zu unterscheiden, was wichtig, also behaltenswert, und was unwichtig ist. Diese Differenzierung gelingt nicht immer, aber im Laufe des Lebens trainieren wir uns diesbezüglich in aller Regel immer besser. Trotzdem kommt es immer wieder vor, dass wir auch wichtige Dinge vergessen. Ich weiß nicht, wie oft ich schon meine Brille gesucht habe, weil ich nicht mehr weiß, wo ich sie abgelegt hatte. Dahingegen vergesse ich Termine fast nie, und auch feste Zusagen gehen mir nicht aus dem Gedächtnis.

Das ganz normale menschliche Vergessen ist aber etwas ganz anderes als das Vergessen, das ich nicht mehr steuern kann, dem ich mich ausgeliefert fühle. Gerade in der Anfangsphase einer Demenz bemühen sich viele Menschen, dieses neue Vergessen nicht nach außen spürbar werden zu lassen. Sie nutzen unterschiedlichste Mittel, diese Schwäche zu verschleiern. Häufige Erklärungen sind Stress, Überlastung oder Müdigkeit. Wer eher sprachgewandt ist, der wird die Möglichkeit nutzen, das vergessene Wort, den vergessenen Begriff, den vergessenen Namen durch einen anderen Begriff zu ersetzen oder das, was er ausdrücken möchte, zu umschreiben. In dem Maße, wie die – ich nenne das – systematische oder sich chronifizierende Vergesslichkeit zunimmt, entsteht Verunsicherung. Man beginnt zu merken, dass etwas nicht stimmt, dass da was nicht richtig ist, beginnt, Fehler zu machen, sieht sich aber immer weniger in der Lage, diesen Fehler zu korrigieren. Ich denke da zum Beispiel an einen sehr anerkannten Architekten, der ein namhaftes Büro aufgebaut und beeindruckende Projekte erfolgreich realisiert und mittlerweile auch schon das Alter überschritten hatte, in dem man in den Ruhestand geht. Nach und nach bemerkten seine Kollegen aber, dass die Baubesprechungen fahriger, Termine versäumt wurden und wichtige Dinge liegen blieben. Wenn man ihn darauf ansprach, reagierte er unwirsch und verteidigend.

Diese Phase der Demenz wird begleitet von innerer Zerrissenheit, man bekommt irgendwie mit, dass man die Dinge nicht mehr so im Griff hat und kontrollieren kann, will sich das – insbesondere anderen gegenüber – nicht eingestehen. Ja, man beschuldigt sogar andere für die entstandenen Irritationen. Je häufiger solche Situationen eintreten, desto größer aber wird die Unsicherheit, die Angst. Man gewinnt zunehmend den Eindruck, dass das Leben einem aus den Händen gleitet. Je wichtiger es einem in seinem bisherigen Leben war, Dinge zu kontrollieren, alles im Griff zu haben, „fünfe nicht gerade sein zu lassen", desto belastender und bedrohlicher wird der Weg in die Demenz erlebt. Ähnlich schwer haben es Menschen, die sich immer angepasst, den Normen entsprechend verhalten haben und diszipliniert waren. Sie erleben die sich entwickelnde Demenz als qualvollen Verlust früherer Werte und Haltungen. Insbesondere wenn sie sogenannte klare Momente erleben und erkennen, was alles nicht mehr so geht und funktioniert, erleben sie Verzweiflung und Trauer bis hin zu depressiven Verstimmungen. Manche reagieren auch mit Ärger, Wut und Anschuldigungen gegenüber ihnen Nahestehenden. Dann wiederum kann die Wut kippen in Traurigkeit und Selbstmitleid. Alles gerät in Unordnung, die eigenen Gefühle, die Welt um sie herum. Sie fühlen sich nicht mehr geachtet, werden mut- und hilflos.

Menschen, die dahingegen eher gefühlsbetont und weniger kopf- und vernunftgesteuert gelebt haben, die das Leben eher so hingenommen haben, wie es kam, die keinen besonderen Wert auf Erfolg, Status und öffentliche Anerkennung gelegt haben, erleben den Weg in die Demenz vielleicht nicht ganz so beängstigend, bedrohlich und verlustreich. Sie sind möglicherweise eher bereit, sich diesem Unbekannten zu nähern, sich dem Unvermeidlichen hinzugeben. Natürlich werden auch sie Phasen der

Verunsicherung, der Ungewissheit und der Angst erleben, aber sie sind vielleicht eher in der Lage, die Normwelt, das bisherige Leben loslassen zu können.

Was ich damit zum Ausdruck bringen möchte, ist, dass die fortschreitende Demenz als Syndrom hirnorganischer Veränderungen, des Vergessens, des sich Nicht-mehr-erinnern-Könnens, unterschieden werden muss von den diesen Prozess begleitenden Gefühlen. Es sind im Wesentlichen die Gefühle, die sich dann in Verhalten ausdrücken. Hinter diesen Gefühlen verbergen sich Lebenserfahrungen und -einstellungen, individuelle Handlungsstrategien und Verhaltensmuster.

Auch wenn die Erfahrung einer beginnenden Demenz einzigartig ist, so hat jeder Mensch Wege und Mittel in seinem Leben entwickelt, wie er mit unbekannten Situationen umgeht, wie er Ungewissheit für sich erträglich macht, wie er mit Misserfolgen und Fehlern umgeht, wie er Unzulänglichkeiten begegnet. Diese früheren Erfahrungen spiegeln sich dann in der Art und Weise wider, wie der Weg in die Demenz begangen und erlebt wird. Menschen, die sich in Konfliktsituationen eher zurückgezogen haben, werden auch den Weg in die Demenz eher in sich gekehrt beschreiten. Menschen, die sich dahingegen über Misserfolge geärgert haben, werden auf die sich entwickelnde Demenz eher wütend und zornig reagieren. Menschen, die sich schnell gekränkt und verletzt gefühlt haben, werden sich traurig, depressiv oder misstrauisch erleben.

Nicht die vorrangig hirnorganischen Veränderungen oder kognitiven Einbußen, sondern vielmehr die Art und Weise, wie man mit Einbußen im früheren Leben umgegangen ist, beeinflussen, wie der Weg in die Anderswelt erlebt und erfahren wird.

4.2 Erleben der Familie auf dem Weg in die Anderswelt

Wie bereits gesagt, Demenz ist vor allem auch ein soziales Phänomen. Da das Thema Demenz in der Regel weder in der Partnerschaft noch in der Familie thematisiert wird, trifft die sich entwickelnde Demenz die meisten Partner und Familien völlig unvorbereitet. Man merkt und spürt zwar, dass sich beim Partner etwas verändert, will es aber gerade in den Anfängen nicht wirklich wahrhaben. Man sucht nach allgemeinen Erklärungen wie aktuelle Belastungen, Stress, Burn-out oder Schlafstörungen. Man vertraut darauf, dass die beobachteten Irritationen bald vorübergehen werden. Auch der Betroffene ist selten bereit, sich zu öffnen, sein Erleben zu teilen und dem anderen Einblick in sein Innerstes zu geben – zu groß ist seine Scham und zu groß ist der Wunsch, das bisherige Leben in der Normwelt weiter aufrechtzuerhalten.

Setzt sich der demenzielle Prozess fort oder verstärkt er sich, dann reagieren Partner und Familien nicht selten mit Zurechtweisungen wie „Nun konzentriere dich mal", „Pass doch auf", „Sei nicht so tüttelig" oder „Reiß dich zusammen", „Das hast du mir schon fünfmal erzählt." Man baut darauf – wie in der Normwelt üblich –, dass der Betroffene es selbst in der Hand hat, sein Verhalten zu steuern und zu kontrollieren, sich anpassen zu können. Man erkennt noch nicht, dass genau diese Fähigkeit immer mehr verloren geht.

Aber irgendwann kommt der Zeitpunkt, dass man beginnt, die Ernsthaftigkeit der Veränderung zu erkennen und darüber nachzudenken, einen Arzt zurate zu ziehen. Meist wird diese Idee, dieser Rat von den Betroffenen abgelehnt, vielleicht auch deshalb, weil ihnen die Einsicht in ihr verändertes Verhalten entschwunden ist. Meist gelingt es dann doch mit Mitteln der Überzeugung, der Überredung oder der Manipulation, seinen Angehörigen zum Arztbesuch zu bewegen.

Nun ist es allerdings so, dass Hausärzte oder Allgemeinmediziner nicht immer Fachleute für Demenz sind. Um aber – wie traditionell üblich – den Patienten und hier auch das begleitende Familienmitglied zu beruhigen, werden sie wohl ein Medikament verschreiben und wenn sie gut sind, die Empfehlung geben, einen Facharzt für Neurologie oder Psychiatrie aufzusuchen.

Fällt dann die Diagnose Demenz, ruft diese Nicht-Wahrhaben wollen, Betroffenheit, Erschrecken oder Entsetzen hervor. Auf einmal ist man mit dem unmittelbar konfrontiert, was man immer verdrängt, für unmöglich gehalten hatte. Nun reagieren Partner und Familien höchst unterschiedlich. Ich denke an ein Ehepaar, wo beim Mann Demenz diagnostiziert wurde, und die Ehefrau entschied, dies erst mal für sich zu behalten. Bei einem anderen Ehepaar versuchte die Ehefrau, sich auf allen Kanälen, mit allen möglichen Medien schlauzumachen. In einer anderen Situation wurde eine Familienkonferenz einberufen.

Nun sind ja nicht alle Paare glückliche Ehepaare, und auch nicht alle Familien genießen ein harmonisches Miteinander. So unterschiedlich die Paare und die Familien sind, so unterschiedlich sind auch die Wege, wie man diese neue Situation begeht.

Viele Paare und Familien wollen mit dieser Situation allein umgehen. Sie trauen sich zu, den Anforderungen, die mit einer fortschreitenden Demenz einhergehen, allein gerecht zu werden. Häufig entscheiden sie dies aus Zuneigung und Liebe oder auch aus Unwissenheit, worauf sie sich einlassen. Meist bemühen sich Partner und Familien, einen Höchstgrad an Normalität aufrechtzuerhalten, was immer schwieriger wird. Manche versuchen es mit Geduld und gutem Zureden, andere reagieren mit Zurechtweisungen, Androhungen oder gar Bestrafungen. Ich denke an eine Veranstaltung zum Thema „Alt werden", die ich bei einem Landfrauenverein abhalten durfte. Als wir auf das Thema Demenz zu sprechen kamen, äußerte sich eine Landfrau: „Wenn meine Schwiegermutter mal wieder bockig ist, dann sage ich ihr immer: Wenn du dich nicht zusammenreißt, dann kommst du ins Heim." Sie war ganz stolz, weil das Wirkung zeigte – zumindest für kurze Zeit.

Andere versuchen zu helfen, indem sie dem Betroffenen alle möglichen vertrauten Arbeiten wie kochen, den Tisch decken und abräumen, handwerkliche oder Gartenarbeiten abnehmen. Häufig wird dies damit begründet, dass man im Leben schon so viel gearbeitet hat und sich jetzt ausruhen darf.

Dann gibt es Paare, bei denen die Scham so groß ist, dass sie sich nicht mehr trauen, gemeinsam außer Haus, spazieren oder einkaufen zu gehen oder ein Café zu besuchen. Die meiste Zeit bleiben sie in den eigenen vier Wänden. Fehlende Abwechslung und Anregung führen dann nicht selten auch zu ungewollten Eskalationen, zu Beschimpfungen bis zu körperlicher Gewalt. Da man sich nicht alles liefern lassen kann, muss beispielsweise der Partner auch mal das Haus verlassen, um selbst zum Arzt zu gehen, um einzukaufen oder behördliche Dinge zu regeln. In seiner Not schließt er dann nicht nur die Wohnungstür ab, sondern sperrt den Partner in ein Zimmer ein. Dies tut er vor allem aus Rat- und Hilflosigkeit.

Besonders schwierig wird es auch immer, wenn der Betroffene seinen Partner des Diebstahls oder der Untreue bezichtigt. Auch kaum zu ertragen ist es, wenn beispielsweise der Sohn, der sich aus den allgemein anerkannten beruflichen Gründen kaum kümmern kann, zu Besuch kommt und der Betroffene ihn lobt und wertschätzt, während er gleichzeitig den betreuenden und umsorgenden Partner kritisiert oder gar denunziert.

Viele Partner und Familien tun sich äußerst schwer, Hilfe von außen zu holen, zum einen aus Scham, zum anderen aus dem Gefühl zu versagen. Sie bringen sich an den Rand der Verzweiflung, überschreiten ihre Möglichkeiten und laufen Gefahr, sich nicht nur immer mehr zu isolieren, sondern selbst auch krank zu werden. Dann bricht die gesamte Versorgungsstruktur zusammen.

Anderen Paaren und Familien hingegen gelingt es, sich auf das Leben und Erleben ihres betroffenen Angehörigen weitestgehend einzulassen. Sie entwickeln ein hohes Maß an Geduld, Toleranz und Einfühlungsvermögen. Sie gestalten darüber hinaus die Wohnung beispielsweise so um, dass sich ihr Partner im Rahmen seiner immer begrenzteren Möglichkeiten zurechtfinden kann. Entsprechend den Wünschen und Möglichkeiten schaffen sie beispielsweise einen speziellen Bereich, der sein „Arbeitsplatz" ist, an dem er all die Dinge findet, die er zu brauchen glaubt.

Einen Menschen auf dem Weg in die Welt der Demenz zu begleiten, ist eine der anspruchsvollsten Aufgaben, denn sie verlangt, sich selbst weitestgehend auf den anderen einzustellen und einzulassen und dabei sich selbst nicht zu verlieren. Leider wird diese Leistung gesellschaftlich kaum anerkannt.

5. Kapitel

Quintessenz

Bisher haben wir einen skizzenhaften Blick auf unsere „normale" Welt, die Welt dementierender Menschen und den Weg, die Brücke, von dem einen in den anderen Bereich geworfen. Nun ist es an der Zeit, einige grundsätzliche Gedanken zum Thema Demenz zu entfalten.

Leben bedeutet grundsätzlich immer Veränderung, kaum etwas bleibt für immer so, wie es ist, das gilt für alles Lebendige. So haben alle Lebewesen eine bestimmte maximale Lebenserwartung und auch eine vorgegebene gattungsmäßige Grundstruktur. Kein Lebewesen ist unsterblich, so auch der Mensch. Man hat errechnet, dass der Mensch eine maximale Lebenserwartung von etwa 125 Jahren haben kann. Aktuell liegt die durchschnittliche Lebenserwartung in Deutschland bei Männern bei 78,5 und bei Frauen bei 83,3 Jahren, d.h. unter günstigsten Bedingungen könnten Männer weitere 46,5 und Frauen weitere 41,7 Jahre leben, bis sie die höchstmögliche Lebenszeit erreicht hätten. Wenn man bedenkt, dass in den letzten 100 Jahren der Mensch im Schnitt 25 Lebensjahre dazugewonnen hat und vor Kurzem der älteste Mensch mit 122 Jahren gestorben ist, ist zu erwarten, dass wir uns auch in den nächsten Jahrzehnten und Jahrhunderten der maximalen Lebenserwartung immer stärker annähern werden.

Je älter wir werden, desto wahrscheinlicher wird die Erfahrung einer Demenz. Dies bestätigt die nachfolgende Statistik von der Deutschen Alzheimer Gesellschaft.

Diese Statistik zeigt in aller Deutlichkeit, wie mit zunehmendem Alter die Wahrscheinlichkeit einer Demenz zunimmt. Wahrscheinlich aufgrund der noch vergleichsweise niedrigen Zahl der über Hundertjährigen (im Jahr 2017 in Deutschland: 16.500) wurde die Statistik dann nicht weiter differenziert. Es liegt aber nahe anzunehmen, dass ab dem Punkt, an dem diese Statistik endet, der Zuwachs an Menschen, die eine Demenz erfahren, deutlich überproportional zunehmen wird.

Altersgruppe	Mittlere Inzidenzrate pro Jahr (%)
65–69	0,53
70–74	0,93
75–79	1,73
80–84	3,20
85–89	5,70
90 und älter	12,24

Nach Angaben der Deutschen Alzheimer Gesellschaft leben aktuell in Deutschland 1,7 Millionen dementierende Menschen. Vorausberechnungen zeigen, dass sich diese Zahl bis zum Jahr 2050 auf drei Millionen erhöhen wird. Diese Angaben stützen sich, soweit ich informiert bin, auf Angaben der Krankenversicherungen.

Leider bleibt dabei die Frage offen, ob und wie dementierende Menschen diagnostiziert wurden. Handelt es sich hierbei um eine Einschätzung von Hausärzten oder liegen hier differenzierte neurologische Begutachtungen zugrunde? Weiterhin ist diesen Zahlen auch nicht zu entnehmen, wie weit fortgeschritten der demenzielle Prozess sein muss, um in diesen Statistiken Berücksichtigung zu finden. Weiterhin lässt sich vermuten, dass nicht alle Menschen, die eine Demenz erfahren, in diesen Statistiken erfasst sind (siehe: Nonnenstudie).

Ungeachtet all dessen ist es sicher richtig, dass der Beginn einer Demenz u. a. durch Durchblutungsstörungen, Schlaganfall, unbehandelte Depression, Fehl- oder Mangelernährung, Diabetes, Übergewicht, übermäßigen Medikamentenkonsum, körperliche Inaktivität, sozialen Rückzug, mangelnde Bildung oder mangelnde geistige Aktivität gefördert wird. Was trotz alledem nicht zu verkennen ist: Das Lebensalter ist das entscheidendste und wichtigste Kriterium für eine Demenz.

Vor diesem Hintergrund ist es mir völlig unverständlich, dass Demenz als Krankheit kategorisiert wird. Demenz gehört zu uns Menschen wie der aufrechte Gang. Hier kämen wir auch nicht auf den Gedanken, den aufrechten Gang als Krankheit zu bezeichnen, nur weil viele Tiere sich auf vier Beinen bewegen. Das Festhalten an der Kategorisierung als Krankheit ist aus der Demenz selbst heraus nicht zu erklären. Es ist unbestreitbar, dass mit der Demenz hirnorganische Veränderungen einhergehen, aber ist das bei fortgeschrittenem Alter nicht normal? Ich kann mit 70 Jahren auch nicht mehr so schnell laufen wie ein 25-Jähriger, aber bin ich deshalb krank? Meine Haare sind auch nicht mehr so dunkelblond wie früher und meine Haut zeigt sich auch faltiger, aber sind dies Krankheitserscheinungen?

Es muss Gründe geben, weshalb Politik, Fachgesellschaften, Medien und Gesundheitswesen so krampfhaft an dieser Kategorisierung festhalten. Ich kann mir im Wesentlichen zwei Gründe vorstellen:

Krankheit wird im Allgemeinen als eine vorübergehende Einschränkung oder Störung des Körpers und Geistes verstanden. Krankheit ist etwas, was mich treffen kann, aber nicht muss. Mit Krankheit assoziiert man auch Behandlung und vor allem Heilung und Genesung. Zudem kann man sich vor vielen Krankheiten schützen. In dieser Logik – so unvollständig sie auch sein mag – vermittelt die Zuordnung der Demenz als Krankheit den Menschen das Gefühl, davon nicht zwingend betroffen zu werden, und die Hoffnung, wenn es denn doch so weit kommen würde, dass diese Erkrankung dann auch heilbar ist, dass die medizinische Forschung entsprechende Lösungen findet.

Der andere Grund ist ganz anderer Art. Mit der Kategorisierung als Krankheit wird Demenz zu einem wichtigen Faktor der Medizinwirtschaft. Soweit ich weiß, gibt es inzwischen über 100 verschiedene Demenzdiagnosen, aber noch nicht eine einzige wirksame medizinische Therapie. Auf Wikipedia heißt es hierzu:

Bei dem Präparat Memantin beispielsweise kam das Institut für Qualität und Wirtschaftlichkeit im Gesundheitswesen zu dem Schluss, dass es keinen Beleg für einen Nutzen dieser Therapie bei Alzheimer-Demenz gebe.

Kontrovers diskutiert wird auch die Wirksamkeit von Ginkgo biloba. Eine US-amerikanische Studie (GEM-Studie, Ginkgo Evaluation of Memory) und ihre Subanalyse ergaben dagegen, dass das Extrakt während der mittleren Beobachtungszeit von sechs Jahren im Vergleich zum Placebo weder das Auftreten einer Alzheimer-Demenz verhindern noch der Abnahme der geistigen Leistungen entgegenwirken konnte.

Des Weiteren lässt sich konstatieren, dass eine Behandlung mit den bisher bekannten Medikamenten keine Besserung bringt.

Heilbar ist Demenz nach aktuellem Forschungsstand nicht, aber sie kann in vielen Fällen in ihrem Verlauf um ein bis zwei Jahre aufgehalten werden, wenn sie frühzeitig erkannt und behandelt wird.

Alle beruhigenden Medikamente, die beispielsweise bei Schlafstörungen oder Verschiebungen des Tag-Nacht-Rhythmus gegeben werden, verschlechtern die kognitive Leistung. Dasselbe gilt für Neuroleptika mit anticholinerger Nebenwirkung.

Welchen Sinn hat es, Demenzerscheinungen immer differenzierter zu diagnostizieren, wenn nicht zeitnah entsprechende Therapien entwickelt werden? Welchen Nutzen bringt es, wenn Milliarden in die Demenzforschung investiert werden, wenn die

Ergebnisse so karg sind? Was als Antwort auf der Hand liegt, sind ökonomische Interessen. Mit Demenz als Krankheit wird viel Geld verdient in der Forschung, in der Pharmaindustrie, in der Ärzteschaft – in der Medizinwirtschaft insgesamt.

Würde man aber die Demenz als unumgängliches Phänomen menschlichen Daseins begreifen, dann könnten, nein, müssten diese Gelder für nicht-medizinische Unterstützungs-, Begleitungs- und therapienahe Leistungen bereitgestellt werden. Wenn es nicht möglich ist, eine Demenz zu vermeiden, dann sollte man Lebensumstände kreieren, die ein gutes Leben in dieser Lebensphase möglich werden lassen. Lebensqualität darf nicht nur Anspruch der Jüngeren, sondern sollte auch ein Recht dementierender Menschen sein.

In diesem Zusammenhang haben sich im Schatten der Medizin zahlreiche entlastende und bereichernde Möglichkeiten entwickelt. Ich denke an alltagsorientierte Konzepte, demenzfreundliche Kommunen, Alltagsbegleiter, die Familien zu Hause unterstützen, Angehörigengruppen, Validation, spezielle Schulungen, kleine familienähnliche Wohngruppen, Musik-, Kunst-, Natur- und Gartentherapie, Erinnerungskästen, -koffer und -räume, speziell auf dementierende Menschen ausgerichtete Einzel- und Gruppenangebote, Nachtcafé oder diverse Internetplattformen. Diese Angebote fristen vor allem ökonomisch gesehen ein Nischendasein im Vergleich zur Wirtschaftskraft und zum Einfluss der Medizinwirtschaft mit ihrer starken Lobby – und das ist sehr diplomatisch formuliert.

Dass sich Demenz so zeigt, wie sie sich zeigt, ist nicht nur Ausdruck demenzimmanenter Prozesse, sondern vor allem auch gesellschaftlicher Rahmenbedingungen. Ich komme in diesem Zusammenhang noch einmal auf die bereits angesprochene Nonnenstudie zu sprechen. Ein auffälliges Ergebnis war die Unabhängigkeit der pathologischen Hirnbefunde von der wiederholt erhobenen intellektuellen Leistungsfähigkeit derselben Personen zu Lebzeiten. Das heißt: Auch Personen, bei denen bei der Sektion stark veränderte Gehirnbefunde festzustellen waren, konnten bis zu ihrem Tod geistig anspruchsvolle Aufgaben wahrnehmen. Wie kann das sein? Ich bin der festen Überzeugung, dass dies sehr viel mit den Lebensumständen zu tun hat. Wie sind diese in einem Kloster?

Wenn Menschen sich entscheiden, in einem Kloster zu leben, müssen sie einen höchst anspruchsvollen, mehrjährigen Prozess bis zu den „ewigen" Gelübden beschreiten. Mit dem Gelübde erklären sie sich bereit zur Armut, also zum Verzicht auf persönlichen Besitz, zur vollkommenen Keuschheit und Ehelosigkeit und zum Gehorsam. Wesentliche Voraussetzung für eine solche Lebensentscheidung ist die Liebe zu Gott. Ordensfrauen und -männer sind sich sehr sicher in der Anerkennung und Wertschätzung Gottes, ja, sie leben mit ihm und für ihn. Für sie stellen sich keine Sinn- und Identitätsfragen. Sie sind eingebunden in einen festen, verlässlichen sozialen Rahmen, die Klostergemeinschaft. In der Regel sind sie fachlich gut ausgebildet, haben feste Aufgaben und leben in einem mehr oder weniger festgelegten Tagesrhythmus. Unsicherheiten oder gar Ängste bezüglich eines Arbeitsplatzverlustes kennen sie nicht. Finanzielle Sorgen sind ihnen ebenfalls fremd. Auch Konflikte und Spannungen, wie sie in den besten Ehen vorkommen, finden keinen Platz in ihrem Leben. Was Ordensfrauen und -männer aber sehr wohl kennen, sind Auseinandersetzungen, Spannungen und Konflikte untereinander. Diese werden aber meist vor dem Hintergrund einer gemeinsamen Glaubensüberzeugung und der Vergebung friedlich gelöst.

Diese Beschreibung des Klosterlebens mag dem einen oder anderen überzogen, zu harmonisierend oder auch zu idealistisch vorkommen. Was ich zeigen möchte, ist der grundsätzliche Unterschied zwischen dem Leben in einem Kloster und in der Normwelt. Die Rahmenbedingungen des Klosters bieten Sicherheit, Schutz, soziale Einbindung, ein hohes Maß an Kontinuität, Unabhängigkeit von existenziellen Sorgen und Krisen, verlangen aber auch Verzicht, Anpassung und Gehorsam. Die Bedingungen der normalen Welt können dies so nicht bieten, hier ist der Einzelne sehr viel mehr gefordert, sich zu finden, sich zu beweisen, sein Leben zu gestalten.

Auch wenn meine Beschreibung des Klosterlebens vielleicht eine unzulässige Verallgemeinerung ist, so lässt sich doch aus der Nonnenstudie ableiten, dass die Ordensfrauen nicht von Demenz verschont blieben, aber sich die Demenz nicht so defizitär, abschreckend, beängstigend und quälend darstellte – weder für die Einzelne noch für die Gemeinschaft. Es sind also nicht vorrangig die hirnorganischen Veränderungen, sondern vielmehr die Lebensumstände, die die Form und das Erleben einer Demenz prägen.

Das gegensätzliche Bild, das nicht-demente von dementierenden Menschen im Kopf haben, lässt sich wie folgt skizzieren:

Demente sind krank, kriegen nichts mehr mit, brabbeln Unverständliches, laufen ziellos hin und her, sind in vielem desorientiert, können nicht mehr selbst essen, sind geistig abwesend, meist schläfrig, haben kaum noch Mimik, sondern einen eher starren Gesichtsausdruck, sind hilflos, rappeln an Türen, gefährden sich selbst und andere, sind unruhig, kaum ansprechbar, lassen sich nicht motivieren, sind inkontinent, schreien, schimpfen, drohen, können nichts mehr, bleiben am liebsten im Bett, sind unberechenbar und bemitleidenswert.

So falsch und vorurteilsbelastet dieses Image dementierender Menschen auch sein mag, es hat Wirkung. Menschen fürchten sich davor, so werden zu können, verdrängen das Thema und halten an ihrem aktuellen Lebensstil fest.

Aber vielleicht ist das Bild in manchen Facetten auch gar nicht so verkehrt. Dann stellt sich die Frage, weshalb dementierende Menschen so sind wie eben skizziert. Diese Eigenschaften und Verhaltensweisen lassen sich nicht (siehe Nonnenstudie) ausschließlich auf die hirnorganischen Veränderungen der Demenz zurückführen. Sie können als Folge der Anforderungen und Bedingungen des Lebens in der Normwelt betrachtet werden und sind vielleicht die Rück- oder Kehrseite der gestählten und normierten Welt.

Wenn

~ man der Vernunft mehr gefolgt ist als seinen Gefühlen,

~ man sich den überwiegenden Teil seines Lebens den gesellschaftlichen und hier vor allem den wirtschaftlichen Bedingungen und Erwartungen angepasst hat,

~ man sich vom Verlust des Arbeitsplatzes bedroht fühlte,

~ man versucht hat, den Anforderungen und dem damit verbundenen Stress im Arbeitsleben standzuhalten,

~ man den Sinn seines Lebens vorrangig im beruflichen Erfolg und dem Aufbau von Eigentum gesucht hat,

~ man vorrangig an das gedacht hat, was noch zu tun ist, und versäumt hat, das Sein im Hier und Jetzt zu leben,

~ der Zeitdruck allgegenwärtig war,

~ man Lebensqualität im Wesentlichen im Konsumgenuss gesucht hat,

~ man seinem Ich Vorrang vor gemeinschaftlichem Miteinander gegeben hat,

~ man vom Gefühl getrieben war, nichts zu verpassen und

~ man geglaubt hat, auf Nähe, Geborgenheit und Vertrautheit verzichten zu können,

dann hat das Auswirkungen und zeigt, woran dementierende Menschen heute leiden und wie sich das nach außen in ihrem Verhalten darstellt. Es sind die gesellschaftlichen Bedingungen, die den Menschen letztendlich geprägt haben.

Wenn dem so sein sollte, dann stellt sich doch die Frage, ob die Art, wie wir gesellschaftlich geprägt werden, uns haben prägen lassen und letztendlich leben, uns als Menschen wirklich gerecht wird. Gibt dieser Lebensstil unserem Leben Sinn und Erfüllung?

Ich kenne zahlreiche Menschen in meinem Umfeld, die beispielsweise mit ihrer beruflichen Beschäftigung höchst unzufrieden sind, aber keinen Ausweg sehen, weil sie vom Einkommen ihrer Arbeit existenziell abhängig sind. Dabei handelt es sich nicht vorrangig um Menschen der unteren Bildungsschichten.

Vergleicht man das Leben der Nonnen im Kloster mit dem Leben, wie wir es leben (müssen), zeigen sich ungeheure Diskrepanzen. Sollte das nicht auch Anlass sein, über uns und unsere Art, in der Welt zu agieren, nachzudenken? Ich bin der festen Überzeugung: Wenn es uns gelingt, den Druck aus unserem Leben zu nehmen, könnten wir sehr viel entspannter den Weg in die Demenz und die Demenz selbst erleben.

Eine andere Erklärung, warum dementierende Menschen so sind wie oben beschrieben, kann natürlich auch in ihren aktuellen Lebensumständen und in der Art, wie sie sie wahrnehmen, bestehen. Wenn immer wieder versucht wird, dementierende Menschen an unsere Normalität an- und sie dort einzupassen, wenn wir nicht bereit sind, uns auf sie und ihr Sosein einzulassen, wenn wir als einzigen Ausweg nur noch einen Umzug in ein Pflegheim sehen, weil wir unseren Lebensstil ihnen nicht anpassen wollen, wenn sich dann das Leben mit einer Demenz in einem Pflegeheim als monoton und langweilig darstellt, wenn man als dementierender Mensch nicht das Gefühl hat, dort respektiert, anerkannt und wertgeschätzt zu werden, dann zeigt sich das in eben diesem auffälligen Verhalten.

Wir bewegen uns in einem Teufelskreis: Weil wir die Demenz als conditio humana nicht anerkennen und deshalb die Demenz fürchten und verdrängen, kreieren wir keinen Lebensraum, in dem sich dementierende Menschen wohl, geborgen und geschützt fühlen. So entwickeln sich auffällige Verhaltensweisen, die wiederum abschrecken und Ängste auslösen.

Die Frage, die sich dann in der Folge stellt: Wie kommen wir aus diesem Teufelskreis raus? Auf die Medizin und die Wunderheilung zu hoffen, scheint mir aussichtslos. Es bleibt nur der Weg, die Demenz nicht mehr als Krankheit, sondern als Phase unseres Menschseins anzuerkennen. Dies kann nur dann gelingen, wenn wir – wie ich es mit diesem Buch versucht habe – einen anderen Blick auf die Demenz werfen.

6. Kapitel

Von der Demenz zur MOMENZ

Ich habe bisher immer mit einer gehörigen Portion Unwohlsein von Demenz gesprochen. Dies ist ein schrecklicher Begriff, wenn man bedenkt, was er eigentlich inhaltlich bedeutet. Der lateinische Begriff „mens" bedeutet übersetzt „Geist oder Verstand". Die Vorsilbe „de" steht für „ab oder weg", wie auch in den Worten Defizit, Depression oder Deduktion. Demenz heißt dann so viel wie „geistlos" oder „ohne Verstand". Leitet man den Begriff von lateinisch „dementia" ab, wird es nicht besser, denn dies bedeutet „Wahnsinn oder Torheit".

In Artikel 1 des Grundgesetzes heißt es: „Die Würde des Menschen ist unantastbar. Sie zu achten und zu schützen, ist Verpflichtung aller staatlichen Gewalt." Ich glaube, dass der Begriff „Demenz" als stigmatisierende Zuschreibung dem Anspruch des Grundgesetzes nicht standhält.

Nicht nur deshalb halte ich den Begriff „Demenz" für fragwürdig. Zum einen entstammt er dem medizinischen Vokabular und sieht dieses Phänomen vorrangig, wenn nicht gar ausschließlich, als Krankheit und betont die Defizite wie Gehirnschrumpfung, Gedächtnisverlust, Konzentrationsprobleme, Beeinträchtigung des Denkvermögens, Sprach- und Orientierungsprobleme, Stimmungsschwankungen oder Persönlichkeitsveränderungen.

Zum anderen wirkt er stigmatisierend, etikettierend und ist meist in höchstem Maße angstbesetzt. Er wirkt negativ, ablehnend, abschreckend, bedrohlich, leidvoll oder auch grausam. Der Begriff wird zum Leitmerkmal allen Tuns für den Betroffenen und häufig auch für seine Familie. Man möchte alles, möchte alt werden, aber bitte nicht dement. Wie schon gesagt, für manche ist die Demenz so bedrohlich, dass sie sich entschließen, vorher aus dem Leben zu scheiden.

Wenn wir aber eine andere Vision vom Leben in dieser Lebensphase anstreben, müssen wir eine andere, eine neue Bezeichnung für dieses Phänomen finden. Der neuerdings in der medizinischen Welt gebrauchte Begriff der „neurokognitiven Störung" wird unserem Ansinnen mitnichten gerecht. Wir brauchen also einen Begriff, der die besondere Situation, die vorhandenen Ressourcen und das individuelle Erleben erfasst, aber keine Vermeidungsgefühle, Ängste oder Bedrohungen auslöst. Das, was dementierende Menschen in besonderer Weise auszeichnet, ist das **Leben im Augenblick, im Moment**. Der Moment steht zentral im Leben eines dementierenden Menschen. Im Moment entstehen Gefühle, Impulse und Handlungen. Sie haben alle einen biografischen oder/und situativen Hintergrund, aber erfolgen ohne Berücksichtigung ihrer Auswirkungen. Dementierende Menschen denken nicht an die Zukunft, und auch das gerade Vergangene spielt für sie meist keine Rolle. Um diese Besonderheit hervorzuheben, schlage ich als Alternativbegriff zur Demenz den Begriff „MOMENZ" vor. MOMENZ steht dann dafür,

~ im Augenblick zu leben,

~ keine Verantwortung für sein Tun zu tragen,

~ im wahrsten Sinne autonom zu sein,

~ seine Gefühle als unmittelbaren Ausdruck ohne Rücksicht auf deren Wirkungen ausleben zu können,

~ soziale Nähe, Vertrautheit und Geborgenheit zu erleben,

~ beachtet, akzeptiert, toleriert, geachtet und wertgeschätzt zu werden,

~ seinen Wünschen, Neigungen und Interessen nachzugehen und dabei unterstützt und begleitet zu werden.

Ein Leben, das diesen Postulaten folgt, wäre dann nicht mehr furchterregend, beängstigend, quälend und bedrohlich – weder für den Betroffenen noch für die Familien oder die Gesellschaft. Wenn ich schon ein Phänomen nicht ändern kann, kann ich doch Wege finden, das Unabänderliche positiv zu gestalten. Dies hat zur Folge, dass wir Räume so gestalten sollten, dass sie sich den dementierenden Menschen mit ihren Ressourcen und Besonderheiten anpassen.

In diesem Sinne ist der Raumbegriff weit umfassender als in der architektonischen Bedeutung.

Es geht

- ~ um einen fundamentalen Raum des Wahrgenommenseins, der Akzeptanz und des Gewürdigtseins.
- ~ um einen Weltraum, in den die Welt von außen hineinkommt.
- ~ um einen Gesprächsraum, in dem geplaudert, diskutiert und auch geschwiegen werden kann.
- ~ um einen Erzählraum, in dem das sein darf, was erzählt sein will. Sei es die große Geschichte des eigenen Lebens, seien es die kleinen Geschichten des täglichen Lebens, sei es jedes Mal die eine und gleiche Geschichte.
- ~ um einen Geschichtsraum, in dem eigene Geschichte gefunden und erfunden werden kann.
- ~ um einen Lebensraum, in dem sich Freude und Lebendigkeit entfalten können.
- ~ um einen Gefühlsraum, in dem die Gefühle, die oft nur im Verborgenen arbeiten dürfen, da sein können, auch die heftigen und unangenehmen wie z.B. die aggressiven oder die depressiven.
- ~ um Spielraum, in dem das Gegenüber sich bewegen kann und durch den es zu sich selbst und seiner Situation Distanz gewinnen kann.
- ~ um einen Schutzraum, in dem die Schwachheit der Person nicht versteckt werden muss.

~ um einen Raum der Langsamkeit in einer immer schneller werdenden und manchmal auch verwirrenden Welt.

~ um einen Beziehungsraum, in dem der Partner – im Erleben einer realen Beziehung – über sich selbst und sein Alleinsein hinausblicken kann.

~ um einen Deutungsraum, in dem sich neue Perspektiven vom Verstehen kleiner Alltagsszenen auftun können.

~ um den realen Raum, der man selbst ist.

~ um den Leibesraum, der so sein darf, wie er ist, gesund oder krank, gebrechlich oder der Pflege bedürftig.

~ um den Raum der Gesten, der Berührung, des Essens und Trinkens als Zeichen der Wahrnehmung vom Leben.

~ um einen Raum des lebendigen Schweigens, wenn nicht mehr gesprochen werden kann.[1]

Diese (Lebens-)Räume existieren nicht isoliert neben-, hinter- oder übereinander, sondern sind miteinander in vielfältiger Weise verwoben.

Es geht darum, dass sich ein dementierender Mensch in der Vielfalt dieser Räume als Person erfahren kann und sein Personsein gestärkt sieht. Im Mittelpunkt steht das kontinuierliche Bemühen, Kontakt zur Welt dementierender Menschen zu halten. Kreative, körperliche und sinnesbezogene Kommunikations- und Interaktionsformen sind die wichtigsten Bausteine. Singen, Lachen, Gestalten, Tanzen, Streicheln, Essen zelebrieren und Feste feiern sind nicht gelegentliches Beiwerk von Pflege und Versorgung, sondern zentrale Interaktions- und Handlungsformen.

MOMENZ ist nicht einfach eine sprachkosmetische Umbenennung von Demenz, sondern drückt ein fundamental anderes Verständnis vom Leben in der Anderswelt aus. Es geht um ein

---

1 Andrea Fröchtling, Und dann habe ich auch noch den Kopf verloren …, in: Arbeiten zur Praktischen Theologie, herausgegeben von Wilfried Engemann, Christian Grethlein und Jan Hermelink, Band 38, Evangelische Verlagsanstalt Leipzig, 2008

grundsätzliches Umdenken in der Gesellschaft, bei den Bürgern, in den Familien und in den versorgenden Einrichtungen. Es betrifft uns alle.

Die Frage, der ich mich zum Abschluss noch kurz zuwenden will, ist, was dieser Denkansatz, dieser andere Blick, diese Erkenntnis von der Demenz zur MOMENZ mit mir macht, mit meinem Leben und meiner Zukunft. Vor der Krankheit Demenz, wie sie bisher verstanden wird, hätte ich größte Ängste und Befürchtungen, nicht aber vor der MOMENZ in der Anderswelt, wie ich sie verstehe. Ich bin mir gewiss, dass ich diese Lebensphase erleben werde, zumal ich nicht vorzeitig sterben möchte. Hoffentlich sei mir das vergönnt. Im Rückblick auf mein bisheriges Leben und meinem Lebensstil sehe ich mich recht gut auf die MOMENZ vorbereitet. Mich mit nicht-sprachlichen Mitteln auszudrücken, habe ich in vielen Auslandsreisen ausprobieren dürfen, mich immer vernünftig zu verhalten, war für mich nicht besonders erstrebenswert und meine Gefühle, ob Angst, Trauer, Wut oder Freude, habe ich zulassen können und kaum versucht, sie zu verdrängen. In meinen bisherigen Leben habe ich etwa anderthalb Jahre allein gelebt und gemerkt, dass ich kein Allein-Mensch bin. Ich brauche Menschen um mich herum. Weiterhin war es mir immer wichtig, meinen Weg zu finden und meinen Interessen und Neigungen nachzugehen. Reich zu werden und Eigentum zu besitzen, war nie ein Ziel – wohl aber, wirtschaftlich gut zu leben. Ich habe früh gelernt, dass es keine Zeit-, sondern nur Prioritätsprobleme gibt. Bis auf die Lebenszeit ist die Zeit für alle gleich. Sicherlich geprägt durch die 68er-Zeit hatte ich immer ein kritisches Verhältnis zu dem von mir beschriebenen gesellschaftlichen und insbesondere wirtschaftlichen Leitbild. In Indonesien lernte ich den Satz kennen: „Du kannst das tun oder das Gegenteil – beides ist Leben." Dieser Satz eröffnete mir sehr, sehr viele Freiheiten, denn letztendlich entscheide ich, ob ich wirklich etwas tun „muss", und so spielt das Wort „muss" im Sinne „Du musst", „Du hast keine Alternative" kaum eine Rolle in meinem Leben.

Nun bin ich sehr gespannt darauf, wie es sich anfühlen wird, wenn sich die ersten Anzeichen der MOMENZ in mir melden und wie ich mich dann weiterentwickeln werde. Getragen ist diese innere Einstellung natürlich von der Hoffnung, dass dann die Menschen in meinem unmittelbaren Umfeld mich akzeptieren und wertschätzen, so, wie ich dann sein werde, und keine Versuche unternehmen, mich in die Normwelt zu pressen, die nicht mehr meine ist. Ich wünsche mir dann des Weiteren, dass das Zusammenleben mit mir für diese Menschen zu einer positiven und bereichernden Lebenserfahrung wird.

MOMENZ soll das Verständnis von Demenz verändern – weg von Angst und Verzweiflung, hin zu einer Lebensphase, in der Gefühle des Angenommenseins, des Gebrauchtwerdens, der Vertrautheit und des Wohlgefühls im Moment, in jedem Augenblick erlebt und erfahren werden können.

MOMENZ ist unser aller Zukunft!

Epilog

Sicherlich wirft dieses Buch viele Fragen auf, vor allem, wie sich der Ansatz von MOMENZ in der Praxis umsetzen lässt. Ist das überhaupt möglich oder ist das zu unrealistisch, träumerisch, visionär? „Nicht Erbsenzähler verändern die Welt, sondern nur die Visionäre." Hätte Steve Jobs nicht die Vision für ein Gerät gehabt, das die Welt zu jenem Zeitpunkt weder brauchte noch sich vorstellen konnte, hätten wir heute keine Smartphones oder Tablets. Am Anfang einer jeden Erneuerung steht die Vision, aber sie hat nur Sinn, wenn ihr auch Taten folgen. Ansätze, wie diese Vision mit Leben erfüllt werden kann, habe ich auf meinen zahlreichen Auslandsreisen ansatzweise kennenlernen dürfen. Es bleibt nunmehr einem weiteren Buch vorbehalten, Ansätze und Konzepte der gelebten MOMENZ vorzustellen und zu entwickeln.

Was ich durch die Coronakrise erfahren habe, war, was alles auch finanziell und verhaltensmäßig möglich ist, wenn ein politischer Wille dahintersteht – auch wenn er wie in diesem Fall mit der Verbreitung von Angst und später mit der Androhung von Strafen durchgesetzt wird. Wer hätte vor zwei Jahren, als wir das Vermummungsverbot in Deutschland heiß diskutierten, gedacht, dass sich heute nahezu alle Bürger im öffentlichen Raum vermummen dürfen, nein, müssen?

Zum Abschluss gehört natürlich auch Danksagung, und die gilt vor allem meiner Ehefrau Marina. Sie hat nicht nur zugelassen, dass ich mir die Zeit nehme, all dies niederzuschreiben, sondern war vor allem auch eine wohlwollend-kritische Zuhörerin, Leserin und Hinweisgeberin. Ohne sie hätte ich das Buch so nicht schreiben können.

Danke sagen möchte ich auch allen Freunden und Bekannten, denen ich das Manuskript zukommen ließ, für ihre zahlreichen wohlwollenden, ergänzenden und kritischen Anregungen.

CPSIA information can be obtained
at www.ICGtesting.com
Printed in the USA
LVHW021201300721
693918LV00010B/1719

9 783753 415840